第一章
翰林爷爷起名字

1881年9月,绍兴东昌坊口的周家新台门里,全家上上下下都沉浸在双喜临门的欢乐气氛之中。周伯宜考中了秀才,周伯宜的妻子鲁瑞也在这月25日早晨,生下了一个男婴,这个男婴正是周家期待着的长房长孙。顷刻间,家人争相传报这个特大喜讯。门前挂起了两千响的大鞭炮,噼噼啪啪,一直响到云天里,惊得鸟儿四散飞翔。

周伯宜激动地看着妻子,兴奋地端详着憨态可掬的娇儿,满肚子的话说不出口,只是两眼充盈着关不住的笑。

"看你高兴的,"鲁瑞拉着丈夫的手说,"娘娘和娘这下可高兴了,咱们家后继有人了。看你,还不快去接娘娘和娘。"

"对!对!我这就去。"周伯宜又看了一眼娇儿。

周伯宜走出门,马上吩咐仆人:"快给我准备好纸墨,我马上要写一封家书给京里的大老爷。"

"已经准备好了!老爷。"仆人笑嘻嘻地答道。

周伯宜疾步来到上房,碰巧祖母九太太正要跨出房门,他赶忙伸手扶过来。两人顺着墙边转过房角,看见母亲蒋太太也已走到眼前,周伯宜忙说:"娘,我正准备接了娘娘就去接娘。"

"不用了,你先忙你的去吧!娘娘有我照管呢。"蒋太太扶过九太太后又说,"你媳妇儿也要多休息,你今天就不用再过去了,快给你爹写封信,别忘了叫他给孩子起一个响亮点的名字。我们过去了,你媳妇儿那儿放心好了!"

周伯宜回到书房,拿起笔,觉得今天的字怎么也写不好,哪里还像是周家的秀才,文思明显迟钝,仿佛只会写"我有儿子了,爹有孙子了,周家后继有人了"。他伸了一个长长的懒腰,提笔写完了家书,交人送给远在京城的父亲。

在北京琉璃厂南边不远的广和居饭庄里,有五位来自浙江的京官,正一边嗑着瓜子,一边品着绿茶,一边聊着闲天儿,一边等着迟到的同乡。

"汪兄、鲍兄,昨儿上午议事,我可长了见识,子献老弟的溜须手法、马屁神功真令我大开眼界。嘿嘿……"说话人讥笑着伸出小手指,花白的小胡子得意地翘起来。

"形势所迫,不得不行此下策。介孚兄口下留德,口下留德!"白净瘦削的小个子从宽大的袖子里伸出一双不相称的大手,向介孚公不停地作揖。

"察言观色,巧言讨好,在官在民都不能免俗,周兄最爱揭短说笑,子献不必过于认真。继香兄一贯没准儿,我们还是边吃边等吧!酒保,上酒上菜!"

"好曲不可不唱，好菜不可不尝，好故事么不可不听。介孚兄快讲快讲！"鲍兄挥着从不离手的象牙骨折扇。

"我可讲不出口。陶兄半天没说话了，陶兄讲吧！"

"快讲快讲！"

"话说大清帝国的内阁衙门里正在开会，大烟袋、小茶碗，七嘴八舌正议论，忽报常败将军福大人要驾临……"

"又是谁惹介孚兄义愤填膺了？"众人回过头看去，随着话音一个细眼秃眉的矮胖子大踏步走进门来。不等众人说话，他抢先说道："来晚了来晚了，认罚认罚！"说着话，也不管是谁的酒杯，就近一把抓过来一仰而饮。

"继香兄慢些，我的酒盏子可不是饮驴的。"介孚公笑眯眯地看着矮胖子。

"你前天的请柬一到，我今日驾车飞奔而出海岱门，顺着城墙根直到前门，又经南大街到了骡马市，跑得太快了，偏偏又下起了雨，地上都是泥，马跑累了碰上泥地就更走不动了，怕晚怕晚结果还是晚了。"说着又连干两杯。

"好了，继香兄也不要独喝，我们共举一杯！"

在周介孚的提议下，六双胳膊六双手举起六个小酒盏，六杯江南老黄酒倒进六张绍兴官老爷的口中。如此三遍过后，矮胖子继香用诡谲的目光盯着周介孚，笑了笑，转向其他人说："都知道介孚兄好饮，但是上旬刚刚喝过一回酒，不出三日又聚齐乡众豪饮，介孚兄恐怕意不在此吧?"

周介孚听了一笑,放下刚刚又要端起的酒杯,说道:"继香兄数你诡诈,而且最性急。就容不得我从容讲起么?"说着又举起酒杯,"各位随意。"说完抿了一口酒,接着说道:"其实也没有什么大不了的事,只是一时高兴。前天大清早起来,就听着喜鹊叫,出门一看,喜鹊又没影儿了,只有麻雀叽叽喳喳地瞎闹。刚吃完早饭,就有人敲门,下人带进来一见,是绸缎庄的钱掌柜,一见面就恭喜我,说我就要做祖父了,并带来家书一封,按家书上说的时间,一个月之内我就要做爷爷了。哈哈哈哈……"周介孚情不自禁地笑了起来。

"恭喜恭喜!……"

伴随着欢喜的笑声,周介孚的眼前竖起五双作揖的大手。

"难得介孚兄如此开怀一笑,哈哈哈哈……"

"今日一醉方休!"

"若得麒麟,我送你两坛'状元红'。"

"若得千金,我送你六坛'女儿红'。"

"闭嘴闭嘴!一定是个儿子!"

"女儿有什么不好?"

"介孚兄两世单传,当然要先有个男孙才好传宗接代!"

"先生女儿就不能再生男儿了么?"

"好了，仁者见仁，智者见智，二位仁兄喝酒。"

六人一直喝到天黑才散。周介孚照旧是由鲍兄陪伴着"月夜踏影回寓所"。

这位周介孚大人就是即将出生的鲁迅的祖父。他这时已在官场中奋斗了十年。十年前中进士、挂翰林匾的风光已成明日黄花，掌县官印、廉洁奉公、勤政爱民、敢抗皇旨的豪情已无处激扬。两年来在好友李慈铭的指点下，也只能弄个候补官职。

在北京西城区的一座灰砖小院里，周介孚安了一个简朴的家。北京的10月天，是很厉害的"秋老虎"，尽管夜晚十分凉爽，但白天尤其是午后，阳光还是热得灼人。这段时间，周介孚大多是躺在竹摇椅里看书，看得困乏了就顺水推舟睡一觉。这天一觉睡去，乘着香梦之舟，云朵里飘，帆影里摇，雾里看花，水中望月，只见那钱塘江潮汹涌喧嚣，绍兴古镇幽雅迷人，大地上银练纵横，绿茵锦绣，近看那小桥流水，翰林牌匾，说一句吴语，听一声乡音，原来回到了离别多年的家乡。他踏上街道的石板路，踱过拱起的小石桥，驻足茶馆，细听茶客对兰亭和鉴湖耐心精致地品味；他流连酒肆，笑看远方的游子操着陌生的方言急切地询问着会稽山和大禹陵的所在。日近黄昏，天边一抹红云斜映古镇，他重又步入依房傍水的石板路，放眼望去，一行行全是茶馆、酒肆、当铺、药店、杂货店，随处可见挂着"进士第""大夫第""翰林第"等牌匾的油漆大门,错杂其间的还有许多低矮破旧的小屋,以及尖顶突兀而风格异样的洋教堂。这一切在夕阳的余晖里,仿佛吟咏着一首绵绵不尽而又充满黄酒醇香的古诗歌谣。

他走过咸欢河上的塔子桥,走过长庆寺、土谷祠,走过关帝庙、穆神庙、唐将军庙,来到东昌坊口,看见都亭桥、泰山堂、鸦片馆,一转弯走过水果店、剃头店、轧肉店、药店、酒店、油烛店、箍桶店、住宅、轿行、鞋店、米店、锡箔店、棺材店,终于来到自家门前。

他正准备伸手推门,门却无声无息地自己打开了。他犹豫了一下,仔细听听,仍旧是静静的悄无声息。他怀疑地重新看了看门口,看看上方的门斗,心说:没错!门斗里的这块匾,蓝底上写着"翰林"两个大大的金字,正是我的翰林匾。可是家里的人都到哪里去了呢?他一直走进去,穿过二门来到大厅。大厅的上方仍旧是祖先悬挂的大匾,写着"德寿堂"三个大字,两边柱子上的一副对联,红底黑字已显得有点儿陈旧黯淡,再看靠在墙边的翰林旗杆,有屋顶那么高,朱红色的油漆和雕花的旗杆兜,在暗影里看不清楚。

"人都哪儿去了?"他大声地喊,周围依旧是寂静一片,连一点儿回声都没有。

他接着向里走,神堂的门也是自动打开的。他朝着祖先拜了几拜,眼前一片香烟缭绕,不知是谁上的香。他退出神堂，经过白板门、过廊、兰花间、桂花明堂，来到内院，长长的两层楼居然也藏起了往日的欢声笑语。他继续向后院走，穿过夹弄，走进百草园。园子里大片的菜畦，繁茂的桑树、楝树、皂荚树，都端庄地凝视着他，只有墙外的咸欢河的流水声，不时地传进园里来。

"哗哗哗，哗哗哗……"

过了一会儿，"噗噜，噗噜……"

似乎又加进了摇橹的声音。

接着又依稀加进了女人的细语和婴儿的嬉笑声。

他拢起耳朵再仔细一听，分明是很清楚的说话声。

"翰林公公回来了。"

"看你这样子，怎么有脸去见翰林公公，快躲一边去，省得挨骂！"

"给伯伯请安！"

"给叔叔请安！"

"给大老爷请安！"

一片请安声弄得他一时间不知所措，再一细看，自己已经身在大厅之中，端坐在太师椅里，右手搭在八仙桌上，眼前围着大大小小一家子人。

"给爹爹请安！"这是年方十二岁的小女儿的声音。他高兴地准备站起来，去抱起他的女儿……

"给公公请安！"这是一个略显生疏的声音，他转过头去，只见一个身体结实的年轻女子，朝他十分恭敬地拜了几拜。

　　这就是我的儿媳妇了——他在心里告诉自己。"伯宜做什么去了？怎么半天也见不到他的影子？"

　　"他正在书房里读书呢，准备明年乡试的功课。"

　　"好！好！要是能连中三元就好了。秀才、举人、进士……"

　　"给爹爹请安！"

　　"你不好好读书，跑这里来干什么？"

　　"儿正读书，忽闻爹爹回家，欣喜万分，故而……"

　　"这说明你读书用心不专，如果……"

　　"好了，好了！他也是一片孝心。"

　　"娘！您身体可好？"循声望去，他看见妻子扶着母亲走进大厅，赶忙离座奔向前去。

　　"你看我身体好不好？放心，我们大家身体都很好！"母亲说得高兴，不由得笑起来。

　　"介孚兄，怎么一声招呼也不打就突然回府了？"一位与他岁数相仿的先生不知什么时候站到了他的面前。

　　"希曾兄，你来得也不慢啊！真要谢谢你养了个好女儿，自从她进了我们周家，喜事一个接一个，先是伯宜考取了秀才，接着又生了一个……"说到这里，他忙转向母亲九老太太。

　　"娘，不是说伯宜媳妇就要生孩子了么，怎么她的肚子看上去平平的？"

"这……"母亲看着他一愣，话在嘴里说不出来。

他心里一急，出了一头的大汗，用袖子一抹，再一睁眼，胳膊上哪里有什么袖子，头上也是干爽爽的。再看看周围，这才明白原来做了一场梦。

"老爷，恭喜了！恭喜了，老爷！"家里的短工躬身站在一边，旁边还站着一位中年人。

"钱掌柜，"周介孚忙站起来，向中年人行礼，"近来贵宝庄的绸缎真是名满京城，恭喜发财！恭喜发财！"

"谢周大人！真正应该恭喜的是您呀！"

"同喜同喜！钱掌柜，里边请！"周介孚伸手相让。

"大人请！"钱掌柜也忙伸手并躬身相让，坚决等周介孚先进屋，他才跟着进屋。

"不知我喜从何来呀？"周介孚刚一坐下就急忙问道，不待钱掌柜回答，忙又转向短工："快给钱掌柜上茶！"

"大人，这里有您家书一封。"钱掌柜一边将书信递给周介孚一边继续说道，"伙计办货今天中午才到，说少爷得了一位公子，真是可喜可贺！我一见有您的家书，赶紧就给您送来了。另外两个伙计后天动身回乡办货，您的回信和捎回家的东西，我明天下午派伙计来取。大人忙，我就不打扰了。"

"不妨，不妨，那就谢谢钱掌柜了！恕不远送！"说着两人站起身来。

周介孚送走钱掌柜，打开信刚看了两行，心里就骂儿子写信啰唆，看了好几行了，还没看见要看的东西。眼看着就要看到关键内容了，短工忽报："老爷，吏部主事张大人到！"周介孚一抬头，只见张大人已经站在了面前。

"介孚兄满面红光，一定有喜事了。"

"张大人喜气洋洋驾到，也不会是坏事吧？"

"当然是好事！现有一个官位空缺，不知道你是否愿意去补上。我觉得这个官职还是不错的。"

两个人商量来商量去，最后还是决定不去算了。张大人看他心里有事，就赶忙告辞。

周介孚看完信，心想起个什么名字好呢？忽然心里一动，想起梦中看见儿媳妇儿的肚子是平的，原来是因为孩子已经生下来了。想到这儿，他的脸上露出释然的微笑。接着又想起孙子还没起名字，于是又陷入沉思之中。他心想，刚刚来过的张大人一脸的贵相，干脆就借他的光，起个小名叫"阿张"；孩子的生辰虽然福贵，但怕养不大，得给他加点儿寿命，连上"阿寿"，名字有了，就叫"樟寿"；还要安适如山，那就字"豫山"吧！想好以后，他马上铺纸润笔，急回家书。写完以后叫进短工吩咐道："把信交钱掌柜。给我发帖子，我要邀请上回请的那些人喝酒！"

第二章
寄名出家长庆寺

祖父因为忙于在京城做官,没能回家给孙子樟寿过满月、百日和周岁。小樟寿在曾祖母、祖母、母亲、父亲等一大家人的宠爱下,转眼长到了一岁。

外面下着雨,父亲坐在青竹躺椅上,手里捧着一本线装书,一边摇着一边念着,嘴里不时冒出一两个词儿,眼睛里慢慢流露出敬佩和惋惜之情。他走下躺椅,直直地坐在桌前,提起毛笔蘸匀朱墨,顺着几排文字的右边画上红色的圈圈点点,又在空白处写上几句批语,抒发心中的感慨。

"少年英才,可惜薄命,可惜,可惜。"父亲放下笔,冲着窗外的绵绵细雨,若有所思地发了一下愣,然后转身回到自己的房间。

母亲一边给樟寿唱着歌,一边用手指轻轻地逗着,樟寿笑眯眯地听着,小手不住地在空中乱抓。父亲走进房,看见母子俩玩得这样高兴,脸上露出欣慰的笑容。他想了想,还是忍不住对妻子说:"刚才我又看到'曹冲称象'一节,不由人不发感叹。我们的阿张与灶司菩萨同一天生日,去年又是闰年,胎胞的皮又特别薄……"

"还说叫'蓑衣包',"母亲接过话说,"不是都说这样的孩子很少,将来一定有出息吗?"

"是有出息,可还说怕难养大,你忘啦?"

"不是已经向菩萨报名了吗?都算是出家人了你还不放心。要不然起个阿猫阿狗的名字。你是不是想让阿张再拜个干爹干娘?隔壁朱家养的孩子多,也都长大了,是不是拜……"母亲用充满疑问的目光望着父亲。

"认了干爹干娘倒叫我们阿叔阿婶,这不好。我是说,还应该抱到寺里去拜个师父,这样才算真正舍给寺院了。"

"你说怪不怪,当了和尚,好像将来就能变成高僧,就变得佛法高超起来了。"母亲说着笑起来,并且装成婴儿的腔调,凑到樟寿的嘴边唱道:"我不要当小和尚!"

"我们读书人却不这么想。拜个和尚为师,不招'妖魔'妒忌,也就不会来搅扰了。"

"那就选个日子吧,叫阿庆去寺里传个话,叫长妈给缝件百家衣。"母亲说着把樟寿递到父亲的怀里,轻快地走到门口,掀起竹帘,喊了一句:"长妈妈——"

樟寿奇怪地看着父亲,伸手要抓胡子,嘴里发出"咦咦"的嬉笑声。

"什么事?太太。"长妈用围裙擦着手,快步走进门来。

"老爷吩咐了,要送阿张去寺里拜师父,你今天给缝一件百家衣。会吗?"

"那还有不会的？我在家的时候给王秀才的独生宝贝缝过好几件呢！那布料五颜六色，有丝的、麻的、棉的，长的、方的、圆的、三角的，拼在一起可好看了。我这就去找点儿旧布旧线……"

"你说的这些不行，用旧布旧线缝出来，套在阿张的身上，不真像一个叫花子了吗？"母亲打断了长妈兴致勃勃的话头，想一想长妈所描述的样子，不由得也笑了。

"我看还是你先亲手做一件吧！"父亲不放心地看看长妈，又十分郑重地看着妻子，把樟寿递回给她，接着说："找点绸缎，裁成各式橄榄形状，缝起来就像和尚穿的袈裟，这是书里见过的。"

"领子是斜的？"母亲用右手比画了一下。

"宽袍大袖。"长妈也挥动着胳膊比画。

"长妈妈，你把阿张抱回去吧！"

"雨差不多停了，我抱哥儿去后园子里转转。"长妈走上前把樟寿抱过去。

"当心点儿啊！刚下过雨，地上滑。"

"顺便把阿庆叫来！"

"知道了！"长妈应着，高高兴兴地出了门。小樟寿似乎也很高兴，在长妈的怀里一跃一跃地跳。长妈更高兴了："别着急，别着忙，草窠里边有小狼。小狼不吃草，追着小孩满地跑。……"

连日的阴雨终于停了，房屋的老墙和歪斜的树却仿佛永远干不透，阳光斜射下来，亮得有点刺眼。长工阿庆对着门口，坐在灶台边补竹筐。他把小毛竹劈成小竹片，再将一根根竹片打磨光滑，然后拿过来竹筐，抽出朽烂的篾片，将刚做好的新篾片插进去编好。阿庆举起修好的竹筐，借着门外的亮光转动着查看，一眼看见长妈抱着樟寿走来，忙喊道："庆太娘——长妈妈——好清闲呦！哥儿好几日没来玩啦。"

"是呦，"长妈学着阿庆的腔调，"我们哥儿可想死你啦。又做什么新花样？是竹兔还是竹鸟，还是小猪？"

"都不是呦！我前些日按老爷的吩咐，到城外看看地里的稻子，看见货郎鼓，想一想，这种常见的东西应该好做，我就做了一个。"阿庆说着到里屋拿出一个竹编玩具递给长妈。

樟寿一见，伸小手就抓。长妈忙一躲，对着手中的竹器看了又看，笑道："这算什么货郎鼓，两边的小槌呢？"

"你摇摇看。"

长妈一摇，果然听到"哗啷、哗啷"的响声。长妈这才看清竹鼓里面有几粒石子，不由地赞叹道："你还真有主意！"

看见那个东西摇出了声音，樟寿的手伸得更急了。长妈忙用手在竹鼓上仔细地摸了几遍，确信没有毛刺，这才塞给樟寿。阿庆看着长妈的样子，笑道："放心呦，磨过很多遍啦！"

"不用笑呦！老爷、太太叫你马上去啦。"

樟寿尽情地摇着，幼稚的动作演奏着笨拙的音乐。

长庆寺是离樟寿家最近的一座寺院，出大门往右走，拐一个弯就到了。寺院挨着咸欢河，河上的塔子桥就在寺门口。

一大清早，母亲就催促父亲："早点儿去吧！过一会儿人多了，闹闹哄哄的，再把阿张吓着。"

"阿张可没那么娇气，再说长庆寺的和尚与一般的和尚不一样，他们从不早起念经，也不募钱筹米，靠吹吹打打胡唱几句绍剧挣饭吃，这你也是知道的。不日上三竿他们是不会起床的。"

"你一说，我倒想起来了，听说寺里的住持不光是娶了老婆，还养了两个儿子，那吃荤喝酒就更不用说了。"

"他是吹敲和尚，这一切当然是可以的了。"

"那阿张拜个这样的师父会学成个什么样子？"

"又不是当真要去做和尚，放心好了！我先去书房，等吃完早饭我再带樟寿去寺院。"

吃过早饭，父亲抱着小樟寿，后边跟着阿庆，挑了一担礼物，无非是些绸缎、粗布、香油、蜡烛、大米、茶叶之类的东西。走进长庆寺大门，来到大雄宝殿，樟寿在父亲的怀里，端正一下小身躯，恭恭敬敬地向佛祖上了三炷香。

"施主远道而来,小僧未能远迎,失礼!失礼!"随着话音走出一位瘦长的和尚。他不仅身子瘦长,而且脸也瘦长,颧骨高高的,眼睛细细的,走起路来,两绺下垂的小胡子还一飘一飘的。

"隆师父,阿张现在是佛门里的人了,"父亲大声地说,好让"妖魔"听见,"一切听从佛门,请您给阿张定个师父吧!"

"好说好说!不急不急!请先到后面屋里喝茶。"

"还是先拜了师父吧!"

"周老爷真是位性急爽快的人。这位就是樟官了?"隆师父摸摸樟寿的小脸,小樟寿端坐在父亲的怀抱里,两只小手放在胸前,抬着头,神情专注地看看佛像,看看隆师父,再看看其他东西。隆师父抬起下巴摇一摇,樟寿看见甩起来的胡子很好玩,高兴地张开十指,伸手就抓。

"不要胡闹,要有礼貌!"父亲赶忙抱紧樟寿往回轻轻一带。

"没事!老爷的教训他怕是没听懂,刚认完师父就要跟师父调皮。"

"刚认完师父?"父亲疑惑地望着隆师父。

"周老爷有所不知,佛家最讲的是个'缘'字,刚才樟官一直朝我伸着手,那就是要拜我为师,这片虔诚纯是出于天性,最是有缘。我甩胡子逗他说我不能收他做徒弟,他不答应就来抓我的胡子,那我只好收下啦!"

"能得大师亲自指点，真是他的造化。"

"根据老爷的意思，我给樟官起个法名，叫作'长庚'如何？意思是长命百岁。"

"全凭师父做主。"

"周老爷，里边请！我还有几件辟邪的法物送给长庚。"

"多谢大师！——阿庆，把礼物送进去。"

"多谢施主！阿弥陀佛！"

"哥儿回来啦！"长妈看见周伯宜抱着樟寿回来，赶忙上前接过樟寿，"呦！看这穿的是什么呀？百家衣呀，是不是？"

"看！还是绸的呢。"旁边走过的另一位女佣也过来摸了摸。

小樟寿用手挑着胸前的红丝绳给长妈看。红丝绳挂在樟寿的脖子上，一直垂到腿上，上面挂着一些零星小物件：一面小铜镜，一个贝壳，一个红线网兜包着的小书本，还有一个银筛。

"这个银筛真好玩，上面缀着的都是什么呀？你看！你看！"那位女佣拿起直径大不过寸余的银筛，仔细端详。

"这些东西你们怕是不知道吧？"父亲提起红线挨个摸着说，"这个银筛虽然很小，你们看，但是上面缀满了太极、算盘、砚台、书、画卷、历书、剪子、棋盘、笔与笔架等等。"

"这得要多少钱呀?"女佣问道。

"这不是买的,是长庆寺隆师父送的。"

"我知道了,哥儿一定是拜和尚做了师父。"

"说对了。我要去书房。"父亲正了正衣领,对长妈说:"长妈妈,你把阿张抱进去,剩下的事问太太去吧!"

"是!老爷。"

长妈回到内院,母亲欣喜地接过樟寿,亲了亲他的小脸蛋。樟寿又拿起小红绳向母亲炫耀:"哎!哎!……"

"得了什么彩啦?我看看。"母亲拿起红丝绳挨个摸着,"小铜镜是照妖镜,'妖魔'被它一照就现了原形;贝壳叫'鬼见怕','妖魔'一见它就跑;这个小本是皇历,看了它可以趋吉避凶。不错!不错!有了这个小银筛就可以中状元了。"说着母亲抓紧红丝绳,问樟寿:"给娘好不好?"

"哎?"樟寿不由得抓紧了红丝绳,看看母亲慈祥的微笑,把小手一松:"哎!"

"多乖呀!娘不要你的宝贝,你要天天戴着啊!"母亲不由得又亲了樟寿一下,然后转向长妈说,"这件百家衣有点儿大,先脱下来吧。你把我做的那件拿出来,在右边第二个柜子里。"母亲把樟寿放在床上,一只手扶他站着,另一只手给他换上了自己亲手缝制的百家衣。

"长妈妈,明天你照我这样子,再给阿张做一件,等这件穿破了好换上。你看他现在就急着走路，等真会走了，穿起衣服来可费着呢！"

"是！太太。"

转眼樟寿又长了一岁。

二三月的北方，正是冰雪消融的时候，而江南水乡已是叶芽舒展、嫩草茸茸的春天了。在一片明媚的春光里，春风不仅吹绿了绍兴的土地，同时也吹来了种牛痘的消息。城里临时设立了施种牛痘局，大街小巷传播着施种牛痘的各种传闻。有的想去但怕吃亏上当又不敢去；有的坚决不相信种牛痘会有什么功效。周伯宜不属于这两种人，他不仅想去敢去，而且相信一定会有功效。为了孩子健康长大，不出天花，他一定要给樟寿种牛痘。

他到施种牛痘局一看，发现人员稀少。不用说种痘的人稀少，连大夫也没几个人，而且都年纪轻轻，一副乳臭未干的样子。

"你们都是大夫吗？"

"是啊。"

"都好年轻啊！"

"我们都已经学了好几年了。"

"种痘没问题吧？"

"小意思！这是最简单的一种小手术。"

"小手术是什么意思？"

"哇！……"里边传来孩子的哭闹声，接着是家长哄孩子声，训斥声，接着又安静下来，一会儿出来两个大人，其中一人抱着一个小孩，孩子抽泣着不住地点头。大人紧抱着哄道："乖，我们家闹闹真乖，爹给你买糖葫芦吃。好乖……"

"下一个！"

一个穿长衫的人牵着一个小孩，小孩步履蹒跚地跟在后面，憨憨地向周围的人笑。

"这小孩一看就胆大。"

"你看，一脸福相，准是今天第一个不哭的。"

话还没落音，就听里面"哇！"得一声大哭起来。

没过多长时间，穿长衫的人抱着小孩出来了。小孩哭得小脸通红，大人一个劲儿地说："没出息，从小能看到大，你呀，没出息。……"

周伯宜站在旁边，心想：种痘虽然没事，但阿张才两岁，看刚才那两个小孩都比阿张大，他们都哭，那么阿张怎么办？我也得买点儿东西才好。他正想着，只听：

"先生，您不是自己来种痘的吧？"一个年轻人问。

"不是，不是！我是来请医官到家里给孩子种痘。"

"哦？请到家里？这点儿小事也要请到家里？"

"是的，"说着周伯宜取出请帖，恭敬地递上去，"请代送医官。"

"稍等。"年轻人接过请帖看了看，走进里屋，请出一个中年医官。

医官朝周伯宜作一个揖，周伯宜忙举手作揖还礼。两人寒暄客套一番，说定了日子。

种痘这一天，周家在堂屋的中央摆了一张方桌，桌子周围系上红桌帏，桌上点燃了香和蜡烛。父亲周伯宜抱着儿子周樟寿，端坐在桌子旁边。医官走近樟寿，樟寿凝神端详着他：一张胖而圆的脸，红红的，一副大墨镜挡住了眼睛，嘴还一张一合说些怪腔调的官话，让人听不明白。接着，樟寿看见医官拿出一把亮亮的小刀，在自己的手臂上划了几下，然后在划开的口子里点上一些浆水……

"疼吗？"父亲问儿子。他见樟寿不哭不闹，心里感觉很奇怪。

樟寿抿着嘴，摇了摇头。

"乖呀！乖呀！"医官笑眯眯地摸摸樟寿的头顶，收拾起刀具和药品，对周伯宜说道："恭喜老爷！樟官没事了。他真勇敢！"

"阿张这点就是好，从小就不爱哭，有忍耐力。"母亲说道。

"就说'尝五味'吧，"父亲接着说，"这是我们这里的风俗，孩子刚一生下来，在吃第一口奶之前，先要尝酸咸苦辣甜五样东西，意思是要孩子先尝一尝人间的甘苦。这第一是醋，为了让孩子体味人生的辛酸；第二是盐，为了让孩子体味人生的咸涩；第三是黄连，意味着人生将会碰到很多折磨和痛苦；第四是钩藤，意味着人生的道路不平坦，途中长满了荆棘；第五是糖，给孩子尝尝做人的甘甜。阿张在尝酸咸苦辣的时候，不但不恼，而且还咂咂嘴，津津有味的……"

"对呵，虫啊鸟啊什么的，他也从不害怕。"

"……"

小樟寿半懂不懂地看着大人们说话，那神采飞扬的劲头也感染了他，他不由自主地笑起来。大人们看他傻笑，也都笑起来。

"瞧，他听懂了。"

"宝宝，这个给你，这是对你种痘的奖励！"父亲拿出一个玩具，一个带木把的小扁鼓，鼓的两边有两个小耳朵。父亲用手一转木把，小扁鼓就扭起来，那两个小耳朵随着左右甩动，撞击在鼓的两面，发出"咕咚、咕咚"的响声。

"摇咕咚、摇咕咚……"父亲有节奏地一边摇着一边唱着。

樟寿欣喜地伸手抢过"摇咕咚"，照式摇起来。

"还有一个法宝，宝宝，看法宝！——万花筒。"父亲得意地举起一个玩具。樟寿看过去，见是一个比"摇咕咚"还短的小花纸筒——这有什么好玩！樟寿照旧充满兴趣地玩他的"摇咕咚"。

父亲见儿子对万花筒缺乏热情，于是闭起一只眼睛，把另一只睁着的眼睛对准万花筒，一边看一边转动，嘴里还不住地说："真好看！真美！咦？这是什么？这又是什么？噢，这是月季花！这是什么花？是玫瑰？不像！不像！这是荷花，没错！……"

樟寿见父亲玩得津津有味，禁不住好奇心的诱惑，伸手要拿万花筒，突然觉得一阵疼，这时母亲也赶忙拉住他的小手，说："宝宝不要动，刚种完痘可不能动！"说着从丈夫手中拿过万花筒，换掉儿子手中的"摇咕咚"。

樟寿摸摸万花筒两头的小玻璃片，抠了抠，硬硬的，抠不动，于是也学父亲的样子把眼睛凑上去往里看，可是里面黑蒙蒙的什么也看不清。父亲帮他举起万花筒，朝向窗外明亮的天空。这一下看清楚了，樟寿惊讶地张大了嘴巴。他看到了从没看到过的东西。里面有许多五颜六色、稀奇古怪的花朵，那奇幻巧妙的模样，是花园里从没看到过的。他仔细地看着那些细小的花片，横看竖看怎么也看不够。他随便摇了摇，稍微转了转，里边的花竟然又变成了另外的花样。他接着摇一摇，转一转，里边的花也总是随之变幻，从不重复。他一心一意地看着那层出不穷的花朵，非常专注。

樟寿不仅身体一直很好，而且也很聪明、顽皮。近半年来，父母比较少管他，一来因为他长大了，二来因为母亲又要生了，而父亲也要考举人、考进士。

曾祖母九老太太年岁大了，整天坐在门口的太师椅上。樟寿趁曾祖母不在的时候，曾经用指甲使劲抠过椅子的把手、靠背、座面、腿脚上的雕花，但是怎么也抠不动，于是他又先后找来一些木棍、竹片、铁钉挨个试验，终于用铁钉划出了一道白印。他赶忙用手使劲擦那道印，好让它看起来不那么明显。事后，他向长妈打听，才知道这把椅子是用紫檀木做的，紫檀木坚硬致密，要好好爱护。他找了点儿油，轻轻地刷在那道印痕上，然后坐到椅子里，真是比石头还硬，一点儿都不舒服。

"阿宝呀，偷坐我的椅子呀，是不是？"曾祖母在康姑姑的搀扶下走出房门。

"这椅子太硬了，坐着一点儿都不舒服！"樟寿跳下太师椅，跑到康姑姑的跟前，拉拉她的袖子，"姑姑，你说是不是？"

"康官呀，告诉他爸爸，说他儿子又在我这里淘气了。"曾祖母微笑着坐进椅子里。

"哎！我马上就去！"康姑姑用中指在樟寿的额头上轻轻弹了一下，兴高采烈地笑着跑了出去。

"我才不怕呢！"

"鬼丫头，得个机会就跑出去玩。"

樟寿一看周围没有了别人，心里一阵高兴。他假装要离开这里，一不小心摔倒在地上。

"啊呀，阿宝，衣裳弄脏了呀。"

樟寿一听，赶忙站起来，心里憋不住地好笑。上前帮曾祖母拉拉衣角，又玩了一会儿。看曾祖母好像有点儿困了，就假装又要走，往前走了两步，又假装摔倒在地。

"啊呀，阿宝，衣裳弄脏了呀。"

又听见了老太太这句话，樟寿再也忍不住了，哈哈一笑站了起来。

小樟寿还常常喜欢闹点儿别的花样。可不管怎么闹，只要祖母、长妈、阿庆或是别的什么人一讲故事，他就马上跑过去，静静地听，一点儿顽皮的样子也没有了。就这样一年两年，樟寿听了许多生动有趣的故事。

第三章
看着星星听故事

夏天是讲故事的最好季节，桂花明堂是讲故事的最好地方。桂花明堂是卧房前的小院子，院子里满地铺着石板，东西种着两棵金桂树，树荫下有一条长长的石凳，石凳中间摆放着一盆万年青。院子边上还有石池，有蝴蝶花，有凤尾草。对于周家的孩子来说，夏天吃过晚饭，把石板地泼上井水，摆上板桌和椅子、小凳，一边纳凉一边听大人讲故事，真是再惬意不过的事了。

又是一个又晴又晒的白天，直到天黑下来，还是那么燥热难当。樟寿躺在桂树底下的小板桌上纳凉，祖母坐在板桌旁边，点上艾香，然后一面不停地摇着芭蕉扇，一面耐心地讲着故事。

"爷爷是什么样子？怎么老不回来？"樟寿突然问起了爷爷。

"怎么突然想起了爷爷？"祖母反问道。

"您讲的猎人老爷爷教小孙子打猎，我爷爷能教我吗？"樟寿认真地看着祖母。

"爷爷是读书人，不是猎人，所以呀，最好还是教你读书。"

"那爷爷什么时候回来教我读书啊?"樟寿渴望地看着祖母,"我还没看见过爷爷呢!"

"爷爷很快就会回来的。"祖母抬头看着天上的星星,"爷爷当上翰林以后就做了官,东奔西跑,为民解忧,后来皇上知道他干得好,就让他到京城里做官。爷爷现在可威风了,住在一个大院子里,一出门就是八抬大轿,差人衙役鸣锣开道,军民人等个个回避……"

"到底是什么大官呀?"樟寿迷惑地看着祖母。

"说不清楚,总之是很重要,很忙,没工夫回来。"

"做官就不能回家了,是吗?"樟寿失望地看着祖母,"爷爷要是老做官,我就老也见不到爷爷。"

"要是那样呀,你也中个翰林,也到北京做官,不是天天都能见着爷爷了?"

"等我长大了,那得多长时间啊!"

"其实爷爷离我们并不远,你看天上的星星,它把你想爷爷的心里话都告诉了爷爷。爷爷这时候也像我们一样,坐在花园里的大槐树下,让星星告诉小樟寿,爷爷多想亲眼见见小孙孙呀!"祖母看着专心看星星的孙子,忽然想起了一件事,"你知道吗,你的名字还是爷爷在北京给你起的呢!"

"真的吗?"樟寿充满希望地望着深邃的星空。

皎洁的月光,水银似的洒在地上,祖母用芭蕉扇扇起的微风,使樟寿感到格外舒服。

"阿宝,你看月亮里有什么呀?"

"像有个兔子。"

"对了!娘娘给你讲啊,天上有个玉皇大帝,他的权力可大了,天上的事,人间的事,他全都能管。好多好多年以前,有一个美人,名字叫嫦娥,她可会跳舞了,只要她一跳舞,走路的人都停下来,锄地的人都停下来,连飞着的鸟都停下来,大家都喜欢看嫦娥跳舞。一天,王母娘娘也请嫦娥去跳舞,跳着跳着,嫦娥看见王母娘娘打开一个宝盒,看了又看,这时,宫女来报:'玉皇大帝驾到!'王母娘娘一听,赶忙放下宝盒,带着宫女们去接玉皇大帝。嫦娥好奇呀,拿起宝盒一看,上面写着'不老丹'三个字。这是长生不死的灵药,嫦娥忍不住偷吃了一颗,吃完以后一下子就飞升到月亮上去了。但是她到了月宫也没过上好日子,因为后来王母娘娘发现少了一颗药,掐指一算,知道是嫦娥偷的,报告了玉帝,玉帝就罚嫦娥变成一只大白兔,天天在月宫里捣药,好赔王母的药。到现在好几千年了。"

"一颗药丸要捣好几千年吗?"

"不光嫦娥,还有一个叫吴刚的人,他苦行修仙,都快学成了,却又犯了错,玉帝也罚他到月亮上去干活儿,要他不停地砍桂树——那桂树有五百丈那么高。"

"五百丈是多高呀?"

"有咱们家这棵桂树五百棵那么高。"

"五百棵，那得有多高呀？"樟寿仰起头，顺着树干，直直地看向桂树正上方。

"吴刚是个壮实的汉子，"祖母自顾自地讲下去，"可不管他使出多么大的劲，一斧头砍下去，只砍了一点儿伤痕，而这伤痕又随砍随合……"

樟寿一边听着故事，一边抬头看那月亮：月亮上的阴影，仿佛真是一只捣药的兔子，又像一名大汉在砍桂树。

忽然，听到桂树上沙沙作响，——是趾爪扒拉什么东西的声音。接着，便出现了一对泛着绿光的眼睛，一闪一闪的。樟寿定睛一看，只见一只猫"唰"地从树上跳了下来。

"哎呀！一只大猫。"樟寿吃了一惊，祖母的故事也给打断了。

"你知道么？猫原先是老虎的先生，是它的师父。老虎虽然长成那么大的个子，那么凶的样子，却本来是什么也不会的。没办法，它只好投到猫的门下来，向猫去求教。猫于是便教它怎么扑，怎么捉，怎么吃，就像自己捉老鼠一样。老虎把这几样本事都学到手了，就想：要是把猫这个老师吃掉，自己就是天下第一了，谁都敌不过我。这样打定了主意，它就纵身向猫扑了过去。万万没想到，猫是早就料到它会有这一手，一蹦，就跳到树上去了。老虎却只能眼睁睁地蹲在树下，拿它毫无办法。原来，猫还没有把全部本事传授完，还没有教老虎怎么上树呢！"

"幸亏没教它,要不跳下一只大老虎可怎么办呢?"樟寿长长地舒了一口气。

这时,夜更深了,风微微地吹着,桂叶瑟瑟地响,天有些凉意了。樟寿看着桂树叶,转念一想,忙问祖母:"隆师父教徒弟的时候,是不是也留着一手不教他们啊?"

"这就要问你的隆师父了,还有他的徒弟们。好了,天不早了,你也该回屋睡觉去了。"

"再讲一个故事吧!"

"娘娘累了,明天再讲。"

樟寿只好带着对隆师父的疑问,回屋睡觉去了。

过了几天,正赶上长庆寺做水陆道场,隆师父将在法事活动中,向饿肚子的水陆"鬼神"施舍食物。身为他的徒弟,樟寿赶忙穿戴起百家衣和牛绳,早早地赶去长庆寺。

第四章
水陆道场尽情玩

这次去长庆寺与往日不同,以前和父亲一起,总不能自由,这次和新换的长妈一起去,樟寿觉得特别轻松。

"阿妈,您去过几次长庆寺?您知道隆师傅什么样子吗?我告诉你吧,隆师傅可好啦!他有三个儿子,傅忠、傅荣和傅和,隆师傅对他们可和气了。那次我和爹去看隆师傅,隆师傅正躺在大烟榻上休息,听见隔壁有人大吵大闹,过去一看,是傅忠和傅荣在抢'解结钱'。阿妈,您知道什么是'解结钱'吗?"樟寿一路走,一路不停地说。

"不知道呀,请你给我讲讲好吗?"长妈假装不知道。

"我告诉你吧!做法事的时候有一个表演叫'解结',进香的人把二三十文钱用黄头绳串起来,让家里的女孩打成各种花结,那结特别难解,他们把结装在瓷盘子里送给和尚,和尚就唱'解呀解'的什么歌,同时悄悄把结解开,把钱和绳都装进袖子里。傅忠和傅荣他们就特别会解那些结,我就不行。"

"那你就学嘛!"

"他们不给我学,怕我把钱拿去,他们只让我看!"

"解结的时候和尚唱的是不是'解结解结解冤结'?"

"是呀！对了，就是这个歌词，我总也记不住，啊！阿妈，原来你知道什么是'解结钱'！"

"我不光知道什么是'解结钱'，还知道你隆师傅看儿子们抢钱，一定是一把抢过来，说：'小孩要钱干什么用？'然后把钱收走了。"

"才不是呢！"樟寿得意地仰起头，"隆师傅当时大喊一声：'两个小兔崽子，分不均匀都给我！'还真灵，两个人一人一把，也不数了，一下子就分清了。"

"你隆师傅可不是一般的人。"

"这我早知道了，我师傅比其他和尚都高明，他娶老婆，生儿子，抽大烟，喝酒吃肉，唱大戏。这些都是其他和尚不敢干的事。还有，他靠唱戏挣钱，不像其他和尚伸个金碗向别人要米、要钱。"

"正经和尚是应该打坐念经的，隆师傅不是正宗的和尚，这你可别弄错了。隆师傅虽然好，你可不能学，知道吗？"

"我又不是真的要做他徒弟，当然不学他了，可他们的戏班子吹吹打打真的很好听。对了，听爹讲，隆师傅医术高明，经常给穷人看病，从不收钱。"

"这应该学！"长妈眼里流露出敬佩的目光。

"那个和尚怎么头上没有疤呀？"樟寿踮起脚指给长妈看，只见一个半大小伙子走进了长庆寺的山门。

"我们追他！"长妈说着加快了脚步，樟寿觉得一股力看着他。

"隆师傅可得好好给你讲讲戒律,讲讲佛教的道理,要不然在那么多人面前忍不住疼,一下子叫喊哭闹起来,那可就丢丑了。"长妈很郑重地看着傅忠,好像他是世界上最勇敢的人。

"爹这几天什么也没跟哥哥讲,今天一大清早把哥哥叫到禅房里,特别严厉地对哥说:'拼命熬住,不许哭,不许叫!要不然,脑袋就炸开,死了!'你们听,弄不好就没命了。"傅荣担心地看着哥哥说道。

"我想我能忍得住!哎?傅荣,爹跟我说话你在旁边偷听?"

"好!傅荣犯戒了。"樟寿拍着手笑起来。

"哪有这一戒呀?"

"不偷盗是不是一戒?偷听是不是偷盗?你偷盗别人的悄悄话,不是犯偷盗这一戒了吗?"

"对!傅荣犯戒了,拿戒尺来,掌……"傅忠想了想,"改罚堵耳朵三天,不许偷懒,帮妈妈洗三天碗!"

"不干!不干!"

"不干不行,长庚咱俩治他。"傅忠跳下禅床。

"爹来了!"

"你又吓唬人!"

"没吓唬你们,我是来了!"随着一个洪亮的声音,隆师傅跨进门槛,"你们还在闹,法事就要开始了,快到前边去!"隆师傅一把拉起樟寿,"长庚,看看你师兄是不是很勇敢,像你种痘时那样。"

"他那点儿小口子,怎么能跟阿忠受戒比呢?"长妈笑着说道。

"长庚那时才两岁,阿忠已经十几岁了,大好多岁呢!这疼痛也要多忍住好几倍才行!"隆师傅说着严厉地看看傅忠,"听见没有,小心脑袋炸掉!还不快走?"

"我们也到前边去看看。"长妈说着抱起樟寿走向前院。隆师傅赶着儿子走进道场。

法事开始了,一阵阵敲锣打鼓吹喇叭,大家烧香磕头送钱送礼。忽然,隆师傅出现了,他身披袈裟法衣,头戴绣有毗卢佛像的帽子,嘴里念着什么"无祀孤魂,来受甘露喂",手里做着施舍食物的动作。那样子真是庄严透顶了,看得樟寿简直快喘不过气来了,长妈也是激动得两眼含着泪。

接着,轮到几个小和尚的受戒仪式。樟寿的心不由得悬了起来,两眼盯住傅忠的光头,心脏好像停止了跳动。他看见傅忠咬着嘴唇,脸上的肌肉一跳一跳地抽搐,两眼泪汪汪的,但始终一声没吭,一直熬到两排绒线在头顶上烧完。樟寿终于松了一口气,如释重负地看看周围的人,只见他们都双手合起来竖在胸前,半闭着眼睛,嘴里念叨着"阿弥陀佛"等等听不清的话,显然是十分赞叹小和尚们的勇敢,然后纷纷将钱和物品送上祭坛。

"我们去看看傅忠吧!"樟寿缠着长妈去后院,可长妈很想接着看下边的法事。

"等他们回去歇会儿我们再去。"

"过一会儿,傅忠该回家了。"

"见过你师母吗?"

"见过,胖胖的,可和气了。"

"她会不会来呀?"

"不知道。"

"对了,我们去后边,也许你师母会来看儿子,我也看看她是什么样。"

到了后院,只见"和尚师傅"也在那里,正陪傅忠讲话,傅荣在旁边跑来跑去不知道该干点什么。

"长庚,你看见我受戒了吗?"傅忠咬着牙问樟寿,疼痛使他嘴里不停地"嘶嘶嘶嘶……"

"你就是长庚,周樟寿?"小木匠欢喜地看着樟寿,"湖羊尾巴!哈哈哈哈……"

"你就是小木匠,'和尚师傅'?"樟寿用手指点着小木匠的胸脯,"长妈妈早就给我讲过你了,你会做好多好多好玩的东西,对不对?"

"我那是干活儿挣饭吃,哪比得了你们周家,读书当官,多好啊!"

"也比我们家好。"傅荣插嘴说道。

"你娘来了吗?"长妈关心地问傅忠和傅荣。

"她不来,她在家给我们做好吃的,说今天要犒劳我们。"

"那你们早点儿休息吧!"长妈失望地看看孩子们,转向樟寿,"我们前边看看去。"

"不用急,水陆道场办七天呢。"小木匠热情地拉着樟寿问傅忠他们,"你们知道'湖羊尾巴'是什么意思吗?"

"好像是聪明吧?"

"对了,你看那些老师爷,那样子多像绵羊留着胡子和尾巴!"

"瞎讲!到底怎么说我也不知道。"小木匠抽出旱烟袋。

"他抽烟了!"傅荣叫起来。

"这么长的烟杆,真好玩!"

樟寿也好奇地摸了摸。

"湖羊尾巴呀!"小木匠顿了顿,"就是说这个孩子第一要聪明伶俐,第二要活泼可爱,知道了吗?"

"要讲湖羊尾巴呀,还得听我的!"长妈得意地坐了下来。

"对!听长妈妈讲。"

樟寿不好意思地伸手捂住长妈的嘴,长妈拿开他的手,握住,说道:"周家呀是翰林府,所以家教一向很严,平时不许打麻将,不许赌博,不许抽大烟。"说到这里,长妈叹了口气,"只有逢年过节的几天,为了应酬客人,周老爷才陪客人打打麻将牌。今年正月初三,又有不少客人来拜年,周老爷陪客人吃过茶点,趁着余兴就在堂屋的大八仙桌上玩起了牌。我们哥儿在外边放了阵鞭炮,觉得肚子有点儿饿,就跑到堂屋找吃的。见老爷们正打牌,他就悄悄在旁边找吃的,还没找到,就被玉田叔祖看见了,叔祖就跟哥儿逗趣:'樟官,你喜欢哪一个打赢啊?'玩牌的人都想,哥儿一定会说希望老爷赢,谁知他稍微一想,说道:'我喜欢大家都赢!'说得又聪明又好笑,引得大家哄堂大笑。玉田叔祖摸着哥儿的头,跷起大拇指赞叹说:'这孩子真像湖羊尾巴。'这'湖羊尾巴'就是这么来的。湖羊尾巴直说就是像绵羊尾巴一样的小,一样的灵活好动。"

"湖羊尾巴。"小木匠抓了一下樟寿的小辫子。

"湖羊尾巴。"傅荣也抓了一下樟寿的小辫子。

"长妈妈,我们看道场去吧!"樟寿不好意思地拉起长妈,回头冲小木匠他们一吐舌头,"你们才是湖羊尾巴呢!"

长庆寺里办着法事,门口围着一堆小贩。樟寿和长妈走出庙门,立刻就被热闹的吆喝声吸引过去。长妈拉着樟寿在针头线脑和绸布摊前看了又看,樟寿又拉着长妈拼命往玩具摊前钻。

"阿妈,万花筒,你看看,多好看啊!买一个吧!"

"还买啊,前两年老爷给你买了个万花筒,不是叫你给拆了吗?"

"那买把小木刀吧!"

"不买!没用。"

"摇咕咚!"樟寿兴奋地一把抓住一个,看了看好像想起什么,又放了回去,"算了,不买了,真没意思。"

"画!阿妈,多好看啊!"

"这是年画,哎呀,是去年的旧货。"

"阿妈,你看这是一个猪,又有点像人,还背着个姐姐呢!这是几只老鼠,在做游戏呢!这是小娃娃抱着一条大鱼!这几个小孩在放鞭炮,你看,那个小孩一蹲,屁股把后面的小孩撞倒了。哈哈哈哈……"樟寿笑得前仰后合。

"这张叫'八戒招亲',这张叫'老鼠成亲',这张叫'吉庆有余',我们家都有的。这张小孩的不知道叫什么,这张姑姑抱着小孩的叫'送子观音'。"长妈挨个讲解着名称。

"小弟弟买两张吧,回去挂在床头,早晨起来看,晚上睡觉看,什么时候想起来什么时候看……"小贩摘下"老鼠成亲"递到樟寿面前,"哥儿,你看这些小老鼠穿上红衣服、绿裤子,吹吹打打,扭扭捏捏,多好笑啊!"说着又转向长妈,说:"这位妈妈,我这里的东西便宜啊,一文钱一张,二文钱三张,过了这个市就没这个价了。"

"这我知道,到了年底你按新的卖,还更贵呢!"

"阿妈，买两张吧！"

"家里有，买多了没用！"

"我喜欢，我要挂着看，我喜欢这两张，还有这两张。你今天什么都没有给我买，你自己买了东西了，也得给我买两件吧！"

"好吧好吧！自己挑两张，不，挑三张。湖羊尾巴！"长妈又好气又好笑地掏出两枚铜板。

樟寿抱着一卷年画，兴高采烈地跟在长妈后边，不停地问："阿妈，老鼠成亲是干什么事啊？"

"老鼠成亲呀，是人想出来的，我没见过。听说呀，老鼠成亲每年只有一天，就是正月十四的夜里。所有的老鼠只要长大了就要在这一天成亲。"

"什么是成亲呀？"

"成亲就是长大了以后，住到一起。"长妈看了看樟寿那迷惑的神情，说："就跟搬家差不多。"长妈看着樟寿略带明白的神情，觉得十分好笑，"这些你长大就知道了。"于是继续说下去，"那些老鼠和人一样，有新郎官，有新娘子，有傧相、宾客、执事，都穿着花花绿绿的衣服，带着各种礼物，按照结婚的所有礼节，吹吹打打，热闹一阵，别看一个个长得尖腮细腿小眼睛，可那样子还装得很郑重，多好笑啊！"

"今儿是正月十五的前一晚，你不叫我睡，就是看老鼠成亲吧？"

"是呀！看见了没有？"

"只有几只小隐鼠，光着身子，什么衣服也没穿，在地上瞎跑，一点儿也不像在办喜事。"

"别着急，明年就有成亲办喜事的了。"

"阿妈！老鼠怕什么呀！"

"老鼠怕猫呀！对了，它更怕蛇，你听过它叫'啧！啧啧啧啧！'吗？"

"听过的。"

"那就是老鼠数铜钱。老鼠碰见它最害怕的敌人，吓得直哆嗦，嘴里就'啧！啧啧啧啧！'数起铜钱来。"

"老鼠见了猫不这么叫！"

"对！这是见了蛇了。"

"怪不得家里养那么多猫也没用呢！"

"我们家的猫只吃饭，不抓鼠的。就是这样，猫也是老鼠的天敌，但只要老鼠钻进一个小洞，猫就没办法了，因为猫身子粗，钻不进去。可是蛇就不一样了，它的身子细，凡是老鼠能逃进去的地方，蛇都能追进去，所以老鼠遇见了蛇就怎么都逃不掉了。蛇是有毒的，人也得躲着点儿，万一让蛇咬一口，就有可能被毒死了。你要是见了蛇，就赶紧跑，或拿根竹棍把它打一边去。"

"我见庆叔在园子里打死过一条蛇，我听傅忠讲，隆师傅还吃过蛇呢！"

"对了，你不是见过隆师母吗，她长什么样啊？"

"她长得胖胖的,那天我去的时候,她穿着黑衣服和裤子,是纱的,她坐在院子里乘凉,一见我就笑。她笑起来可好看了,脸上的两个小酒窝和宝姑姑的一样,她叫傅忠他们和我玩,还给我西瓜和点心吃,师母可好了。"

"好了,到家啦。"长妈抱起樟寿,登上台阶,跨进台门的门槛。

"阿妈,你还没讲'八戒招亲'呢,'招亲'和'成亲'有什么不一样么?"

"阿长回来啦!"一个女佣和长妈打招呼。

"回来啦,今天庙里可热闹了。"

"讲讲!讲讲!"女佣停下手里的活儿招呼长妈。

"好!"长妈放下樟寿,"你回屋玩去吧!我一会儿就回来。"说着走向女佣。

又说起来没完!——樟寿心想,转身望去,看见长妈神秘的样子,不由得停步,多看了两眼,只见她低声地述说着什么,竖起食指,在空中上下摇动,一会儿又点点对方的鼻尖,一会儿又指指自己的鼻尖。樟寿看了一会儿,等她讲故事是没希望了,只好向屋里走去。

吃过午饭,长妈叫樟寿睡午觉,樟寿躺在床上,看着刚贴好的年画,心里感到十分得意,看见长妈进来,赶忙闭上眼睛。

"别假装了。"长妈坐上床头,"我知道你睡不着觉。我给你讲讲'八戒招亲'这张画。"长妈拿起蒲扇,轻轻地扇起来,"从前有个神,犯了错误被玉皇大帝贬下人间,他投胎不小心,跑到了老母猪的肚子里,结果生下来就成了猪的样子。你知道他在天上犯的是什么错误吗?"

"不小心把碗打破了,把椅子腿烧坏了。"

"这都是你们这些小淘气干的事。他呀,对月宫里的嫦娥姑娘不尊敬,不礼貌,到了人间呀也不改坏毛病,老想娶老婆。"

"娶老婆有什么错,老鼠不是也娶老婆吗?"

"是呀,他就娶了老婆了,招了亲啦!画上画的就叫'猪八戒背媳妇',丑男人娶了个漂亮老婆。"

樟寿看了看年画,觉得确实是怪可笑的,长长的猪鼻子,大大的嘴巴,小小的眼睛,五颜六色的衣服,手里还拿着一把大耙子。

"阿妈,我不睡了,我找康姑姑、阿维他们到后园子玩会儿。"

"好吧!小心点儿啊,我一会儿就去。"

第五章
百草园里故事多

樟寿、康姑姑和阿维又和平日一样，跑进了后面的园子。阿维拿着根棍，学着骑马的样子在前飞奔；康姑姑手里拿着刚掐下来的花，一蹦一跳地跟在后面，手里的花不停地在头上和身上比着，长辫子一甩一甩的；樟寿也嘴里"嘟嘟嘟嘟"，学着刚听来的轮船汽笛声，跟在后面跑。

他们先跑进菜地，寻找可以享用的东西。

"黄瓜吃不吃？"阿维问道。

"吃！"樟寿说着就摘下一个比他的手还长的嫩黄瓜。

康姑姑抓起一把青草，帮着阿维和樟寿擦去黄瓜上的小毛刺，然后三人大口吃起来。

"你说哪个萝卜大？"阿维两眼盯着地上露出一点的萝卜。

"这两个大。"康姑姑伸手拔出两根。

"这个最大。"阿维也拔出一根，果然是最大。

康姑姑又拔起一把青草，把萝卜上的泥擦掉，递给樟寿，于是三人各抱一根，用牙啃掉萝卜皮，大口吃起来。

他们跑到清水坑边，蹲下来看青蛙游泳。阿维拣起一块小石头，使劲打水里的青蛙，康姑姑也拣起石头打，两人比赛谁打得又准又多。樟寿在旁看得着急，抓起一把小石子打下去，溅起一片水花，青蛙一个也看不见了。

"都是你捣乱！我们玩别的去吧！"阿维站起身来。三人又跑到石井栏边，地上都是破砖碎石，可这下面，有他们喜欢的好玩意儿。

三人分别蹲下来，侧耳倾听。樟寿蹲着听了半天，向前倾下身子，突然翻开一块砖头，只见一对蟋蟀飞蹦起来，分别钻入另外两块砖头下边。接着他迅速地又翻开一块砖，蟋蟀又一蹦，落在一块砖面上，樟寿随即用手一捂，轻轻掀开一角，"噗"的一声，蟋蟀从这一角又飞蹦出去。

"我捉到一只！"阿维兴奋地举起握着的左手。

"我翻到了一对！"樟寿不甘示弱地喊道，手里跟着蟋蟀不停地翻砖头。忽然翻出一只小虫，色彩鲜艳，好看极了。樟寿伸手就要抓。

"别动！"康姑姑来看樟寿的一对蟋蟀，正巧看见他要抓那漂亮的小虫，吓了一跳，"这叫斑蝥，有毒的，这里还有蜈蚣，都是不能碰的。"

"谁说的，我碰给你看！"阿维伸手在斑蝥的脊背上一按，"啪"的一声，从斑蝥的屁股上喷出一阵烟雾。

"真好玩！"樟寿高兴地也要伸手去按。

"你不行！你还小。"阿维伸手抓住了樟寿的手，伸脚猛跺斑蝥。

"对，踩死它！"康姑姑也使劲地跺了跺脚。

"听哥哥讲，何首乌的根块有人形的，特别难找，如果有福气的人找到了，吃了可以成仙。"

"爹是这么说的吗？那还不快找？"樟寿小大人似的催促道。

"小泥墙那里净是何首乌，去那里找吧！"阿维扔掉左手的蟋蟀，挂着棍子向泥墙跑去。

"侄子，快跑！"

"姑姑，你别叫我侄子。"

"好，阿张快跑。"

"阿维我们一起开始拔，不许占先。"樟寿气喘吁吁地一边跑一边喊。

"预备齐！"阿维一声令下，三人猛拔何首乌。

"哗啦"一声，泥墙倒了一小块，阿维眼疾脚快跳在一边，险些被砸着。

"找到没有？"

"快找到了。"樟寿满怀希望地喊道。

"这有覆盆子，可是在草里边，没法伸手，那些草太扎手啦。"

"我不怕。"樟寿说着，把手伸进草丛，去够那小珊瑚珠似的浆果，分给阿维和康姑姑吃，同时不断地问康姑姑："姑姑，你说是不是比桑葚好吃多了？"

"我们歇一歇吧。"

"去哪里呢？皂荚树！"

三人跑到树下，阿维先上，樟寿第二，康姑姑第三。

"庆叔来了。"樟寿抱着树干大喊："庆叔——"

"哥儿，怎么上树了，快下来，你还小，比不得他们，快下来。"庆叔站在树下焦急地伸开双臂。

"没事，他已经上过好几次树了，掉不下去。"

"不行！下来！都下来！看我做竹器去。"

"一人做一个！"阿维一边向下挪动一边提条件。

"一人做两个也没问题呀，是不是庆叔？"康姑姑先落到树下。

"一人三个！庆叔最好了。"樟寿从树干上跳下来，亲昵地落在庆叔怀中。

"小贪心，嘴甜也没用。你以为庆叔做个竹器像母鸡下蛋那么容易，一使劲就下出一个，一使劲又下出一个。"

"母鸡一天只能下一个蛋，你一天能做好多个'竹蛋'。"樟寿调皮地从庆叔怀中滑落到地上，拉着阿维和康姑姑欢天喜地地跑向庆叔的小房子，庆叔跟在后边乐呵呵地掏出烟袋，一边走一边往烟斗里塞烟丝。

晚饭，周伯宜照例是单独吃。因为他要喝酒，而且喝的时间也比较长。樟寿先吃完饭，就去逗弄襁褓中的弟弟櫆寿。

"轻点阿张，看把弟弟弄哭了。"母亲一边吃着饭，一边提醒樟寿。

"我知道!"樟寿摸摸弟弟的脸,又挠挠弟弟的手心,弟弟冲着他"嘿嘿"地笑,他轻声地命令着:"叫哥哥,叫哥哥,快叫!"他把手伸进弟弟嘴里,摸他的小牙,"叫呀!你敢不叫?"

"阿张。"母亲有些生气了,"不许弄弟弟。过来,去看看你爹爹吃完酒了没有。"

"我就摸了他两下,他又没哭。"樟寿嘟囔了几句,跑到父亲吃饭的屋里。

"爹爹,您吃完酒了吗?"樟寿怯生生地站在父亲面前,他虽然觉得父亲十分可亲可爱,但也不免有几分惧怕,每次见面都会有点儿紧张的感觉。

"你来干什么?吃过饭了?"

"吃过了!我看您是不是吃完酒了,好给您盛饭。"

"今天去哪里玩耍了?"

"先去的长庆寺,阿忠师兄受戒了。"

"后来呢?"

"后来去后园子玩,和阿维、康姑姑一起。"

"后园子有一个很好听的名字,你知道叫什么吗?"

"菜园子!"

"不对!叫'百草园'。"

"百草园。"樟寿重复着,默默地记在心里。

"对,叫百草园。玩儿得高兴吗?"父亲不待儿子回答,接着说下去,"好好玩儿吧,过年一上学,就没那么多时间玩儿了，以后还要考学、做官，就更没时间玩了。"周伯宜喝了一口酒，顿了顿，"说说，今天隆师傅又送你什么了？"

"什么也没送，是我们自己买了三张年画，一张'八戒招亲'，一张'老鼠成亲'，一张'小孩放鞭炮'。小老鼠可好玩了，它们……"樟寿兴致勃勃地讲下去，父亲眯起眼睛，兴趣盎然地听着，不时地喝一口酒。

"好了。你的故事讲完了，我的故事开始了。"父亲叫儿子坐在旁边的小凳上，"地上有好多又好看又好玩的小兽，你刚才讲的小老鼠就是其中的一个。我们中国有一种特别小的猴子，只有爹爹的大拇指这么大，名字叫墨猴。"父亲停下来，看了一眼兴奋不已的儿子，"为什么叫墨猴呢？因为它全身的毛都是漆黑发亮的，就像最好的墨块。最特别的是，它躲在笔筒里，一听到磨墨的声音，便跳出来，蹲在一边等着，等到人写完了字，套上毛笔以后，它就舔干净砚台上边剩下的墨汁，仍旧跳进笔筒里去。"

"后来呢？"樟寿见父亲停下不讲了，便充满期待地问道。

"后来呢？"父亲一笑，"又听到磨墨，它就又跳出来等着舔墨，舔完再跳进去。到时候再跳出来舔墨，再跳进去，就这样。"父亲笑着喝干净最后一点儿酒，"好了，代我告诉你娘，我酒吃好了，要吃饭了。"

吃完饭，樟寿趁没人注意又想往百草园跑，不想被长妈一把抓住。

"又往后边跑,晚上天黑了,园子里的'鬼'就出来了,可不能去。"

"我就玩一会儿。"

"一会儿也不行!"长妈坚决地拉住樟寿,"走,回院子里,我给你讲,可不能让园子里的'鬼'听见!"

祖母还在母亲房里说话,桂花明堂里还没有乘凉的人。长妈拉了两条木凳出来,也没往石板地上洒水,就在桂树下坐了下来。

"哥儿,你年纪小不知道,我们家后边这园子里有一条很大的赤练蛇。蛇是有灵性的,好多蛇经过修炼都能变成人形。从前有一个读书人住在一个古庙里用功读书,一天晚上在院子里纳凉,突然听到有人叫他的名字,他答应了一声,回过头四处找叫他的人,看见一个美女的脸露在墙头上,向他一笑,然后就消失了。他看见以后心里特别高兴,正想追出去找那个美女,正巧庙里老和尚来找他聊天,一看他的脸色,和尚就明白了。老和尚告诉这个书生,说他脸上有些妖气,一定是遇见'美女蛇'了。这是一个长着人的头、蛇的身子的怪物,是个妖精,能叫唤人的名字,谁要是答应了,妖精晚上便要来吃这人的肉,喝这人的血。那书生一听,吓得要死。老和尚告诉他不用害怕,有办法对付'美女蛇'。老和尚给了书生一个小盒子,叫他睡觉的时候放在枕头边,这样就可以安心睡觉了。到了半夜,美女蛇果然来了,'沙沙沙'地,好吓人!这时门外风雨大作,书生吓得抖作一团,却听得'呼'的一声响,一道金光从枕边飞了出去,外面便什么声音都没有了,然后那道金光又自动飞回到盒子里面。后来老和尚告诉书生说,这就是飞蜈蚣,能吸蛇的脑髓,'美女蛇'被它治死了。"

"后园里有好多蜈蚣呢。"

"那些土蜈蚣不顶事,必须是老和尚的飞蜈蚣才行呢!"长妈郑重地对樟寿说道,"咱们家没有飞蜈蚣,所以要想防范'美女蛇'就得靠自己,如果有陌生的声音叫唤你的名字,你可千万不能答应啊!记住了?"

"记住了!有陌生的声音叫我名字,我不答应他。"

"周樟寿……"一个老太太的声音绵绵不断地传来。

长妈伸手去捂樟寿的小嘴,樟寿吓得起了一身鸡皮疙瘩。

"周樟寿……"声音就在脑袋后边。再听,这不是祖母的声音吗?长妈也听出来是蒋太太的声音。两人大胆回头看去,看见祖母站在身后憋不住地想笑又不敢笑。蒋老太太一见他俩回头看清了自己,终于忍不住哈哈大笑起来。

"娘娘,你吓人。"樟寿站起来扑进祖母的怀里。

"长妈妈的故事太吓人了,娘娘给乖孙儿讲个不害怕的故事。"蒋太太拍拍孙子的头,笑着说,"也是一个蛇的故事，但不是蛇妖，而是蛇仙。快给娘娘拿椅子去。"

"我去拿，老太太您先这里坐一会儿。"长妈赶紧跑进屋里，拿出一把藤圈椅摆在桂树下，"老太太，我还有事没做完，先去了。樟寿在您这里听故事吧，一会儿我再来接他去睡觉。"

"娘娘，您快讲啊！"樟寿双手摸着祖母的膝盖，一摇一摇地催促着。

"好，快讲快讲！"祖母眼睛笑得眯成了一条缝，"从前有个叫许仙的年轻人，在山上采药的时候救了两条蛇，一条是白色的，一条是青色的。后来白色的便化作女人来报恩，青色的也化作丫鬟跟着白蛇一起来了。

"一个大清早，在杭州西湖的断桥边，忽然团团地冒出了一股白烟，霎时，白烟像片片白云笼罩了整个西湖。这时候，从湖底里飘飘忽忽地出来了一位穿着雪白轻纱衣衫的姑娘，就像是一朵刚出水的荷花，真好看呀！"

"你猜这人是谁？"祖母不等樟寿回答，马上接下去说："她就是善良、勇敢、美丽的白蛇娘娘。接着西湖上又冒起了袅袅青烟，伴着青烟团出现了一位身穿青衣青裙的小姑娘，你猜这又是谁？"

"是青蛇姑娘。"樟寿抢先说道。

"对！她就是小青姑娘。白蛇娘娘亲切地叫她'小青妹妹'。这天，正是清明佳节，她们在西湖断桥上，遇见了老实、俊美的采药郎中许仙。许仙没有家庭，没人陪他，只好一个人到西湖游玩。这时天下起雨来了，许仙就把伞借给了白蛇娘娘，这样他们就互相认识、互相帮助，小青姑娘在中间给他们撮合，许仙与白蛇娘娘就定了亲。过了几天，两个人便结婚了。

"许仙和白蛇娘娘结为夫妻之后，就开了一个小药店。白蛇娘娘管看病、开处方；许仙管配药，小青做他们的帮手。他们还在药店门口挂着牌子：'贫病施药，不取分文。'嘿，他们的药真好，病人一吃下去，病就被治好了，真是药到病除呀！这样，他们的药店受到了人们的欢迎，整天人来人往，就像赶集似的，门槛都快被踏平了，真是热闹极了。

"有一天来了一个和尚，叫法海禅师，他在街上看见许仙，就对他说：'你脸上有妖气。'——凡讨妖怪做老婆的人，脸上就有妖气，但只有非凡的人才看得出来。"

"有了妖气怎么办啊？"

"有了妖气就得治，你看端午节的时候，街上各家各户的门前都挂上了艾叶、菖蒲，有的人家还往地上洒雄黄酒，这都是治妖气的。结果，许仙被法海和尚骗了，在端午节这天中午，他给白蛇娘娘喝了好几大杯雄黄酒。白蛇娘娘喝醉了，头昏气闷，浑身无力，晕倒在床上。许仙忙上前一看，啊！原来是一条长长的大白蛇躺在床上，许仙大叫一声，吓得昏死在地上。"

"许仙能救活吗？"樟寿忙问。

"能！白蛇娘娘去盗来仙草,给许仙吃了下去,许仙就醒过来了。"

"那后来呢?"樟寿追着问。

"许仙被救活之后,心里害怕,就跟法海走了,法海把他藏到了金山寺的法座后面。许仙在外几天,心里想起白蛇娘娘对他那么好,心里很后悔,就要回去,可是法海不让他走,把他关了起来。白蛇娘娘知道是法海把许仙关起来了,就到金山寺找法海要人。法海哪里肯答应,不但不答应,还举起青龙禅杖,劈头向白蛇娘娘打来,白蛇娘娘在青蛇的帮助下,退到金山脚下。她从头上拔下金钗,用力一摇,变成了一面令旗,令旗上绣着滚滚波浪。小青接过令旗,连摇三下,滔滔大水漫到了金山寺前。这法海和尚见水漫金山,忙脱下袈裟一晃,这袈裟变成了大堤,把大水拦在外边,大水涨一丈,大堤也高一丈——"

"最后谁赢了?"樟寿急切地问。

"后来,白蛇娘娘没力气了,因为她这时候已经怀孕快要生小孩了,最后她输给了法海,还被法海装进了小小的钵盂里。法海还不放心,又把钵盂埋在地下,上面造起一座塔,就是竖在西湖边上的那座雷峰塔。"

"法海真坏!"樟寿感到十分难过,心中愤愤不平,"我们把雷峰塔推倒了吧!"

祖母笑着用芭蕉扇冲着樟寿的小脸轻轻扇了一下,说:"白娘娘在被法海抓住前,生了一个小男孩。当她被法海的钵盂团团罩住的时候，小青扑上去跟法海拼命，白蛇娘娘连忙高声喊道：'小青赶快逃命，逃出虎口，好好修行，为我报仇！快走啊，快走！'小青听到后，含泪逃走了。许仙这时候也抓住法海要同他拼命。白蛇娘娘又高声喊道：'官人保重！你哪里拼得过他！你千万要把孩子抚养成人……'说到这里，白蛇娘娘泪如雨下，她的身体被钵盂罩住，越来越紧，最后缩成一条白蛇……"祖母难过地擦了一下眼睛，樟寿也难过得好像透不过气来。

"后来白蛇娘娘的孩子长大了，考中了状元，回来祭奠雷峰塔，玉皇大帝听到了他的话，也怪法海多事，以致荼毒生灵，命人拿办他。法海这时还在看守雷峰塔，一听玉皇大帝的旨意要拿办他，赶紧就要跑，还没跑呢，正巧小青姑娘回来了。小青逃到深山之后，日夜练本领，练呀练呀，不知练了多少月、多少年，终于练就了一身本事。法海一见小青，吓得不知道怎么好，被小青打得大败而逃。小青先不去追法海，而是挥起一剑向雷峰塔砍来，只听一声震天巨响，雷峰塔倒了。白蛇娘娘从塔下出来，与小青一起追上法海，法海见无处可逃，"扑通"一声跳进了西湖。见白蛇娘娘和小青下湖继续追赶，他吓得一下子钻进了一只大螃蟹的肚脐里，从此再也不出来啦。嘿，这下子连螃蟹也变了，它原来都是直着走路，自从这个横行霸道的法海钻了进去，它就只能横着爬了。

"我们这一带，螃蟹多得很，把捉来的螃蟹煮熟之后，揭开盖子,里边有黄、有膏,母的还有鲜红的子。再往里找,就能找到个和尚模样的东西,大伙都叫它'蟹和尚',这就是那个可恶的法海!"

"下次吃螃蟹,我们就可以捉法海了!"樟寿开心地笑了。

忽然,墙角里发出明快的叫声,分明是蟋蟀在逗引樟寿了。樟寿蹦起来钻到墙角的草丛里。

"出来,阿张!"一个近乎严厉的声音传来。母亲抱着小弟弟櫆寿走进院子,长妈跟在后面。

"我乏了,先回去睡觉了,你们也早点儿睡吧!"说完,祖母走回自己的卧房。

"你过来!"母亲在祖母坐过的藤圈椅中坐下,"昨天晚上你又用竹竿子打花猫了吧?"

"它老乱叫,叫得人心烦。"

"那也不准打!"母亲的声音比开始更严厉了,"你看你像什么样子,整天不是翻砖头,就是拔杂草,哪像周家的小孩子。"母亲瞪了一眼噘着嘴的儿子,"你别不服气,长妈妈都跟我讲了,你呀,就是太顽皮了。快回去睡觉吧!"

樟寿一声不吭,默默地跟在长妈身后,翻了个白眼。

樟寿躺在床上,看着房顶,好像听见老鼠在上面跑,接着又听见猫在外面叫,想起长妈向母亲告自己的状,心里真是烦得很。想翻个身,发现长妈又已经占满了整个席子，她伸开两脚两手，在床中间摆了个"大"字，只给樟寿留下一个小角。樟寿忍了一会儿，觉得身子下边的席子太热了，就推了推长妈，可是推不动，"阿妈！阿妈！"地叫了几声，她好像一点儿听不见，樟寿真是感到泄气。忽然想起前两天想去看弟弟，走到窗前，听见里面母亲和长妈在说话。

"阿张你要多管着点儿，不能像以前那样老宠着他，他快要进学堂了，不管着点儿，野性惯了，读书就该坐不住了。"

"哥儿天生聪明，人大了也开始有主意了，有时候还挺拗的。"

"再拗也不能拗过大人。管不了，你就马上告诉我，像以前一样。不告诉我那就是你的事了。"

"是，太太。"

"长妈生得胖些，一定很怕热吧？晚上的睡相怕不见得很好吧？……"

长妈没有开口，母亲笑了笑。樟寿赶紧溜走了。

想着想着，樟寿睡着了，半夜热得醒过来，觉得被什么压得有点儿喘不过气来，一摸，原来是长妈把一条胳膊横在了自己的脖子上。樟寿抬起长妈的胳膊，移开，却见长妈摆了一个更加舒展的"大"字。心想，更无法可想了。

第六章
牛穿鼻子进私塾

除夕又到了,大人里里外外忙个不歇。樟寿和一班差不多大的同族叔侄兄弟放了阵鞭炮,又跟着货郎担子跑了几条街巷,欢欢喜喜地回家吃年饭。

辞了岁,樟寿给曾祖母、祖母、父亲、同族叔祖依次拜年,还收了不少压岁钱。他把几个小红包码平了,整齐地放在枕头下边,压好。然后他上床躺下,又侧过身来,掀起枕头一边,看着红包,心里盘算着明天一早要买的东西:小鼓、刀枪、泥人、糖菩萨……数着数着,脑子模糊起来,眼看假梦就要成真梦了。正在这时,长妈口里喊着"哥儿!",手里拿着一个大橘子,一头闯了进来。

"哥儿!你牢牢记住!"长妈极其郑重地说,"明天是正月初一,清早一睁开眼睛,第一句话就得对我说:'阿妈,恭喜恭喜!'记得么?你要记着,这是一年的运气,是头等重要的大事情。不许说别的话!说过之后,还得吃一点福橘。"长妈说着又拿起那橘子在樟寿的眼前摇了两摇,接着一口气说下去:"那么,一年到头,顺顺溜溜。"

"阿妈,恭喜恭喜!"樟寿背诵了一遍。

"对!对!说得好,说得好!"长妈高兴地躺下来,

"哥儿，你知道吗？正月不能理发，理发又叫剃头，剃头就要掉脑袋，不吉利。正月初一不能扫地，扫地就会把钱财福气扫出门。正月初一不能说脏字，不能骂人，不然一家人一年到头要吵架，不安宁。如果死了人，说起来的时候不能说死掉，必须说'老掉了'。死了人或生了孩子的屋子里，不应该走进去。饭粒掉在地上，必须捡起来，最好是洗一洗吃下去，或者拿去喂鸡、喂猪。晒裤子用的竹竿底下，是万不可钻过去的……"

说着，听着，两人慢慢睡去。虽然樟寿是小孩，玩心重，但就是在梦里也记得一觉醒来是大年初一，所以第二天醒得特别早。一醒，他就要坐起来。谁知长妈比他醒得还早，一见他醒了，立刻伸出胳膊，一把将他按住。樟寿惊异地看着长妈，见长妈一脸惶急的神色。

长妈又有所要求似的，摇着樟寿的肩膀。樟寿忽然想起来了——

"阿妈，恭喜……"

"恭喜恭喜！"不等樟寿说完，长妈兴奋地一口接过来，"大家恭喜！真聪明！恭喜恭喜！"长妈十分欢喜地笑了起来。同时，她把一块冰冷的东西，塞进樟寿的嘴里。樟寿大吃一惊，想拒绝吃，但被这东西塞住了嘴，说不出话，之后猛然想起这就是福橘，于是只好吃下去。

"吃完了？真好！下床玩去吧！"

过了年节，樟寿就盼着正月十四，结果很失望，他依旧只看见几只隐鼠光着身子在地上跑来跑去,"老鼠成亲"的影子一点儿也没有。下面只好盼迎神赛会了。

"明天迎神赛会完了,后天就让阿张去玉田叔的家塾念书。"父亲周伯宜一边喝着黄酒,一边对站在旁边温酒的妻子说,"子不教,父之过。教不严,师之惰。我看玉田叔学问好,是本家最好的先生了。"

"一切听凭相公做主。"母亲温柔地看着父亲,"你不要吃太多的酒,酒多伤身。"

"这我明白,可我已经养成了习惯。再说绍兴黄酒名满天下,绍兴人不饮此琼浆玉液,岂不辜负了祖先一番美意。"

"你呀,强词夺理。你们这些酸秀才呀,真是没办法!阿张啊也是你们周家的劲儿,特别有主意,要不是我扳着他呀,连我的话都敢不听了。"

"慈母手中线,游子身上衣。"父亲又饮了一口酒,"你还不惯他?他整天就想着玩,回头你看我怎么管他。"

"你快点儿吃,多吃点儿饭!我去看看樾寿。"母亲说着走出了房门。

"哎!"父亲看着母亲的背影叹了一口气,心说:你知道吗?樟寿一上学,这么一大家人的吃、喝、拉、撒、睡、柴、米、油、盐、酱、醋、茶就要由你管了。母亲已经说了,她年岁大了,你年纪也不小了,该由你管管这个家了。正想着……

"爹——"樟寿闯了进来,"爹爹,听说明天的迎神赛会可热闹了,让我和阿叔他们到街门口去吧……"看着父亲严肃的面孔,樟寿停住了嘴。

"就知道玩,一点儿规矩也不懂。你刚才这叫什么,这叫'破门而入',很不礼貌,懂不懂?"周伯宜生气地用筷子敲了敲碗边。"进门之前先要喊:'爹爹!我可以进来吗?'我说'可以',你就进来;我说'过一会儿再来',你就先回去!"父亲气呼呼地喝了一口酒,"明天哪里也不准去,在门口看看就行了。回去吧!"

樟寿失望地转身出去。

第二天中午,樟寿早早地就把剩下的压岁钱揣在怀里,随便扒拉了两口饭,母亲看着他急躁的样子心里觉得好笑,故意说道:"阿张,今天下午你看弟弟,娘要管家了,所以今天下午要跟在娘娘身边学习。"

"娘,今天下午迎神赛会的仪仗从外边过,我和阿叔他们都约好了,一会儿要一起去。那里人多,我带着阿弟,要是被挤坏了怎么办?"

"那你就别去了!"

"干吗呀?"樟寿急得快哭了,"一年只有一次,再说、再说……"

"再说什么呀?"

"不是还有阿妈吗?娘可以叫阿妈带一会儿阿弟。"

"你倒会安排!"母亲气得一笑,"好!说好了,就玩这一次!"

"行!"樟寿痛快地答应了,可心里想:什么叫"就玩这一次"呀?

樟寿和同族的叔侄兄弟跑到东昌坊口的街边,盼啊盼啊!终于看见一个稀稀拉拉的仪仗队跑过来了,十几个人抬着一个金不金、红不红、蓝不蓝的大脸神像,匆匆跑过去。

这就完啦——樟寿失望地看着跑远的行列。

"在这里看真没劲,"一个堂叔说道,"人家那才真叫迎神赛会呢!"

"你就知道说人家的好!我们家离衙门和庙门口远,要是在跟前,也一样热闹!"一个堂兄不服气地说道。

"你没见过,你不知道,"堂叔继续说道,"人家那赛会,先是一个孩子骑着高头大马飞奔而过,这叫'塘报'。接着等好长时间,远处出现一个长竹竿,上面挂着一面很长的旗子,走近一看,一个汗流浃背的大汉,胖胖的,足有二百多斤,用两只手托着竹竿。旁边的人一喝彩,他一高兴,就把竿头放在头顶或牙齿上,有时还放在鼻尖上,这叫'高照'。再后边就是'高跷''抬阁''马头'什么的,跟我们这里的一样。再后边还有一队扮犯人的,穿着红衣,挂着枷锁,里边还有小孩子呢!"

"真的有小孩吗?"樟寿惊奇地问道,"那我能扮犯人吗?"

"你扮犯人?"堂叔们看着他大笑,"你娘要能答应就怪了!哈哈哈哈……"

"怎么不能?"樟寿认真地说,"我要是生了一场重病,让娘到庙里许下一个让我扮犯人的心愿,这样不是行了?"

"你扮犯人,我就扮县官,扔签子打你!"

"我扮衙役,举板子打你。"

"可惜没有县官,也没有衙役!"樟寿得意地说着,一眼看见小货摊上有喜爱的东西,忙掏出一文钱递过去,"我买一个'吹嘟嘟'。"接过"吹嘟嘟",樟寿喜爱地摸着那一点烂泥,一点颜色纸,一枝竹签和两三根鸡毛,放到嘴边,吹出刺耳的哨音"bībībī……"

其他几个人也买了"吹嘟嘟",大家一齐乱吹起来。

"牛穿鼻子了!"堂叔欢快地喊起来,"樟官,还有你,你,"他指着几个孩子,"当然了,樟官在先,你们几个也快了!"

"什么牛穿鼻子?"樟寿不解地放下"吹嘟嘟"。

"你还不知道啊?傻小子。明天你就要去兰爷爷的私塾读书了,这是我今天上午听你爹和兰爷爷讲定的。"

"真的?我要读书了?"樟寿眼睛里流露出兴奋的光彩,"太好了!"

"傻小子,牛穿鼻子了还好?你进了私塾,就像小牛儿被穿上了鼻绳,要让老师牵着鼻子走了,再也不能随便出去玩了。"

"不玩就不玩,反正我觉得读书更好玩。"樟寿兴奋地奔回家,要问清这到底是不是真的。

"坐好!坐好坐好。"周玉田用戒尺轻轻地点了点樟寿的左肩、右肩;接着又点了点前胸、后背,抬了抬下颔;还弯下身在樟寿的两腿的外侧拍了拍;然后他才直起腰走到前面,拿起一本线装书放在樟寿面前的桌子上。

"从现在开始,我就是你的老师了。老师姓周名兆兰,字玉田。因为我的字叫玉田,所以你们都叫我'玉田叔祖',因为我的名字有个'兰'字,所以你们也叫我'兰爷爷',以后只叫我老师就可以了。"周玉田顿了顿,"你,姓周,名樟寿,字豫山,以后我就叫你樟寿同学,再不叫你'樟官'了。"周玉田又顿了顿,说:"这是一本书,名叫《鉴略》,讲的是我们中华民族几千年的历史。别人都是先读《三字经》《百家姓》《千字文》,而唯独你先读《鉴略》,知道这是为什么吗?"周玉田顿了顿,刚要继续说下去,"兰爷爷喜欢这本书!"樟寿抢先答道。

"没叫你说话不许说话!"周玉田用戒尺一拍桌子,"忘记了?刚说过,以后叫我老师,至少在课堂上。记住了!"周玉田放下戒尺,"这本《鉴略》是你祖父介孚公从北京来信指定的。"

"我爷爷?"

"对!"周玉田猛然想起什么,"又说话!再随便插嘴就要挨戒尺了,打手心!"

樟寿点了点头,仿佛说了声"是"。周玉田也满意地点了点头。

"下面翻开第一页,跟我念:'粤自盘古,生于太荒,首出御世,肇开混茫。'"

"粤自盘古,生于太荒,首出御世,肇开混茫。"

"再念:'……'"

"……"

"这四句的意思是说,我们的祖先名字叫'盘古',他生长于距今很久远的时代,是他首先来改造世界,驾驭世界,使混混茫茫的世界得到了整治……"

樟寿仔细地听着,实在是听不太懂。

"你听不懂也没关系,只要把书记住了,念会了,字会写了,日后自会明白。今天就念这四句,记住了!下面学研墨、蘸墨、握笔、写字……"

"小四,"周玉田一转身,看见另外一个学生在偷偷看书,"把书给我!"

小四战战兢兢地把书递给老师。周玉田顺手翻了一下。樟寿偷眼看去,竟是本带画的书。上面是字,下面是画,比这本《鉴略》好看多了。

"你说该罚不该罚?"

"该罚!"

"把手伸出来！"周玉田伸左手抓住小四的右手手指，挥起右手的戒尺，不轻不重地在小四的右手上打了十下，"早说过了，这些带画的闲书不要看，不要看！下次再看这些书，我要重重地打！其他人也记着。"

看着老师气鼓鼓的样子，樟寿心想：小四愿意冒打手心的惩罚，也要看有画的书，可见这样的书一定很好看。那次偶然去衍太太家，她正在看书，我走到跟前，她就把书塞在我的眼前，说："你看，你知道这是什么书么？"我看见那本书上画着房屋，还有两个人光着身子在打架，好像和这本书不一样。他们当时还大声地笑我。"哼，你们笑话我，我就不理你们。"当时我真的有十多天没去衍太太家。其实衍太太挺好的，不管我们闹出什么乱子来，她决不去告诉我们的父母，我们都喜欢在她家玩，也喜欢在她家旁边玩。冬天水缸里结了冰，大清早起来我们就偷偷地把薄冰敲下来吃，衍太太出来倒水，看见我们嘴巴鼓鼓地闭着，手里湿淋淋地握着薄冰，就和蔼地笑着说："好，再吃一块。我记着，看谁吃得多。"说完笑着走了。我们接着吃，又被沈四太太看到了，她就不好，偏偏大声喊道："莫吃呀，要肚子疼的呢！"这下子坏了，母亲听见了，其他孩子的母亲也听见了，她们跑出来，一个个抓着耳朵，一顿骂，有的回去还挥起了竹棍。母亲骂过我之后也把我关了大半天不准出去玩。从此我们再也不尊称她沈四太太，给她起个外号"肚子疼"。想到这儿，樟寿的脸上露出了笑容，——活该！"肚子疼"。

"周樟寿，笑什么？"玉田老师拿起戒尺在桌上连敲三下。

樟寿连忙打开砚台，倒进去一点清水，拿起墨块在里面转圈，像旁边的同学那样，把一汪清水磨成漆黑的墨汁。然后他拿起父亲替他发开的洁白崭新的羊毫笔，蘸了下，依势握笔，在红模字上面认真地描写起来。

"粤自盘古，生于太荒……"

放学以后，樟寿追着小四紧问："你那本是什么书啊？"

"说了你也不知道。"

"告诉我吧！"

"书名我不知道，里面都是些神仙鬼怪。"

"你不怕老师告诉你爹？"

"我爹不反对我看这本书，这本书还是爹给我的呢！"

"那老师干吗不让你看？"

"不知道，可能是……"小四琢磨了一下，"上课只能看字书，不准看画书；老师不教画书，只教字书。"

"你家还有画书吗？"

"谁家没有画书啊？你爷爷是翰林，你爹也是秀才，听说你外公也是举人，你们家的画书，肯定比我家多多了。"

"我没见过家里有画书。"

"你到书箱里找呀。"小四说着又想起了自己的事,"老师肯定会把书拿给我爹,再告我一状,爹准是骂我一顿,然后叫我不许带到私塾里来。"

"那我就看不着你那本书了,哎!"樟寿失望地叹了口气。

"你可以放学后来我家看!"

"我娘说了,下学后必须马上回家温功课,不许到外边瞎玩。"

"总有机会。我到家了!"

"再会!"

樟寿没精打采地先回母亲房中请安,然后又去父亲的书房,讲一讲上学第一天的课程。

第七章
背会课本看赛会

"康姑姑来信了!要请我们去东关看五猖会!"长妈悄声告诉樟寿。

"真的?!"樟寿一跃蹦了起来。这是上学以来听到的最好的消息,也是康姑姑出嫁以后带来的最好的消息。

"你知道东关离我们家有多远吗?"

"六十多里。没错,是康姑姑亲口告诉我的!"樟寿神气地昂起了头。

"还有呢?"

"还有什么?"

"还有啊,这六十多里都是水路,必须坐船。坐船比走旱路慢多了。不过也好,坐在船上,看着两岸的村庄、稻田、庄稼人、牲口、赶路的马车,弄不好还有娶媳妇的迎亲队伍,多美的景色呀!"

"长妈,你去过东关?"

"去过!"

"太好了!我们一块儿去吧!"

"好!一块儿去。"长妈说着也兴奋起来,"东关的迎神赛会呀,是我们方圆几百里最大的。那里有两座特别的庙，一座是梅姑庙，传说一个女孩子守住了贞节，死后变成了神，有了一个好丈夫，庙里的神座上供着一男一女，他们眉开眼笑地，可高兴了，女的就是梅姑。另一座庙叫五猖庙，里边的神像是五个男人，他们的后面坐着五个太太，也有人说这是五通神的化身。五猖庙特别大，迎神赛会在这里最热闹，所以都管它叫'五猖会'。"

"是不是比我们城里的还热闹？"

"当然了，刚才我不是说了吗？是最大的。它呀，不光有'塘报'，有'高照'，有'高跷'，有'抬阁'，有'马头'，有'犯人'，有舞蹈，有抬着金脸、蓝脸、红脸的神像奔跑，还有变戏法的，特别是'猢狲骑羊，石子变白鸽'，可好玩哩！"

"到底哪天去呀？"

"大后天！"

"谢天谢地，日子快快过！"樟寿拿出从小在长庆寺学得的本领，双手合十，在胸前上下祈祷："日子快快过，日子快快过，快到后天早上船！阿弥陀佛。"

"是大后天！不是后天。"长妈笑着走了出去。

周玉田给孩子们放了学，急忙回到书房，还没等到坐下，他已拿起笔，退掉笔帽，在纸上记下了白天偶得的两句诗。他摇晃着头反复吟诵了几遍，又坐下来郑重地重新书写一遍，举起来，看了半天，换张纸，又龙飞凤舞地狂写一遍，并加上两句，凑成一首完整的诗，嘴里得意地哼起戏文来。

"玉田叔，今天怎么这么高兴呀？"周伯宜笑着走进门来。

"噢，我今天偶得一首小诗，你来看看。"说着，递过诗稿。

"好诗！好诗！"周伯宜不住嘴地夸赞。

"哪里哪里！见笑了。贤侄此来，不知有什么事情？"

"阿张这两天学习得怎么样？"

"我正要跟你说呢，你就来了。"周玉田放下诗稿，"这两天樟官读书不太专心，有时候还走神，不知道有什么高兴事。"

"这孩子还是玩心重。康姑请他明天去东关看五猖会，他就老想着去玩，回头我好好教训教训他。我到这儿来主要就是向您请一天假。缺的功课，明天晚上回来后，我会叫他补上。"

"贤侄呀，这孩子刚上学，一定要管紧点，不然的话，以后就不好管了。"

"谢谢玉田叔的教诲，以后不能为了玩让他请假耽误功课了。"

"其实出去看看，长长见识也没什么不好，只是像五猖会这样的迎神赛会还是少去为佳。"

"这五猖会我也没去看过，听说是大家都穿上各种戏装一样的漂亮衣服，集合起来，然后敲锣打鼓演着杂戏，到五猖庙欢迎五猖神出门，然后再跟着五猖神在大街小巷里转一遍，以此来求得神灵保佑，免除灾祸，获得平安幸福。这也算得是这一方风俗的极致了。"

"话虽这么说，这会妇孺们是不许看的，读书人也是不肯赶去看的，只有游手好闲的闲人，才跑去看这热闹。"

"玉田叔说得对。"周伯宜见话不投机，又知玉田叔平时宽厚，又有学问，便不想和他争辩什么，起身邀请道："玉田叔，请去我那里吃几杯酒。"

"谢谢了！我平日是不吃酒的。"周玉田抱歉地笑了笑，"我平日总是一个人，也挺寂寞的，有时间过来坐坐，我喜欢和你聊聊。孩子的事你放心，我会抓紧。"

"谢谢玉田叔！那我就不多打扰您了。"周伯宜冲玉田叔作了个揖，准备走出去。

"等一下，"周玉田拿起笔，在纸上写下十六个字，交给周伯宜，"这是樟官明天的功课，你带回去吧！"

"是！谢谢玉田叔！"

"阿妈阿妈！快起床呀，天快亮了。"樟寿使劲摇着长妈。

"什么事啊？鱼头还没吃呢。"

"就知道吃，该走了！"

"去哪儿啊？"

"去哪儿?"樟寿觉得阿妈好可气,连这么重大的事情都忘记了,于是大声喊道:"去东关五猖会!"

"糟糕!"长妈一下子坐起来,一眼看见窗户外面的天还是黑的,生气地一下躺倒,"再睡一会儿,别闹啊,再闹就不去了!"

"还得租船呢!"

"昨天夜里已经租好了,现在就停在河埠头那里。"

"东关离这儿远着呢!"

"远也用不着这么早啊。现在离天亮还早着呢!"

"阿妈!你听鸡叫了。"

"鸡叫了?噢!这些该死的瘟鸡。我该起床了,我去厨房,你再睡会儿,过一会儿我叫你。"长妈披衣下床,按倒樟寿,独自出去了。

樟寿胡乱吃了几口早饭,就蹦着跳着去了河边。长妈紧跑几步才追上他。站在河埠头,看着烟雾蒙蒙的河道,看着轻轻流淌的河水,看着船椅、饭菜、茶炊、点心盒子陆续被搬进船舱,樟寿的心头感到格外地清爽、快乐。

"阿妈!你看,船有三个大窗户。"樟寿跳着将他的新发现指给长妈看。

"还有呢?你看这船大不大?"

"大!真大!"樟寿高兴得抡起双臂使劲往高蹦,同时还喊,"你们快点儿搬东西!再快点儿!"

"是喽!我们快点儿搬。往下扔快,我们扔行不行呀?

哈哈哈哈！"工人愉快地笑了起来。

"不行，一扔不就坏了，等于没搬。"

"扔水里摔不坏！"

"木头桌椅还能浮起来呢！"

"要不试一……"工人停住了说笑，脸上现出恭谨严肃的神情。

樟寿一看工人突然停止了说笑，觉得有些蹊跷，回头一看，不知道什么时候，父亲已经站在了背后，脸上也是只有严肃。

"去拿你的书来。"父亲慢慢地说。

樟寿不情愿地转身往回走，父亲慢慢地跟在身后。

"拿了书到堂屋来。"父亲依旧是慢慢地说。

樟寿忐忑不安地拿了书回来。父亲坐在堂屋中央的桌子边，命樟寿坐在另一边，然后教樟寿读他唯一的那本书——《鉴略》。父亲一句一句地读下去，樟寿担心着，一句一句地跟着读。两句一行，大约读了二三十行，樟寿发现有差不多十行是没学过的。

"给我读熟。背不出，就不准去看会。"父亲把书推在樟寿面前，便站起来，走进房里去了。

樟寿仿佛从头上被人浇了一盆冷水，心里着急，可有什么法子呢？只能强迫着自己，读、读、读，记、记、记，背、背、背。前边十几句好说，早记熟了，后边十句虽说预先也看过，但毕竟兰爷爷没正式教过，还是非常生疏的。

一天要用的东西已经搬完了,家里由忙乱转成了安静。太阳已经升起来了,河面的雾开始退去。西墙渐渐被太阳照亮,一个晴朗的天空已经展现在众人面前。母亲、长妈、工人都没有办法帮助樟寿,只能默默地静候着。在一片寂静中,樟寿真希望自己的头脑里能伸出许多有力的铁钳,把那些生词生句一个个夹住;他听到自己急急诵读的声音发着抖,就像深秋的蟋蟀在夜里鸣叫。

众人都焦急地等待着。太阳升得更高了,河里的雾已经退尽,一些船只从远处纷纷划过,那些船上的人奇怪地看着这只早已准备停当的大船。

"哥儿进书房了,"一个工人传递着消息,"看样子蛮有把握。"

樟寿拿着书走进父亲的书房,梦似的一口气背了下来:

> 粤自盘古,生于太荒,
> 首出御世,肇开混茫。
> ……

"不错。去吧。"父亲满意地点点头,"晚上回来还要抄写三遍。"

樟寿一迈出父亲的书房,众人便同时活跃起来,脸上都露出笑容，快步向河埠走去。一个工人将樟寿高高地举起来，跑在队伍的最前头。

开了船，樟寿发现长妈不在，一问之下，才知道长妈被母亲留在家里，干别的活儿去了，又想起父亲的最后一句话和刚才的背书，樟寿觉得怎么也高兴不起来。水路中的风景，盒子里的点心，还有东关五猖会的热闹，都让樟寿感到没什么意思，只有见到多日不见的康姑姑，才使他高兴一番。

第八章
孝书隐鼠伤人心

"阿宝以后不用再听我给他讲故事了。"祖母叹了口气,对樟寿的母亲说道,"他现在简直成了书虫了,天天翻箱倒柜的,那两三箱破烂书他差不多天天翻一遍,都快给他翻烂了。我记着有几本带画的书,伯宜小时候还看过呢,今天我一翻,没了!都跑他床头去了。"

"都是些神啊鬼啊的故事,这孩子就爱看这些。"母亲一边收拾换季衣服一边说。

"都是些赏善罚恶的故事,看看倒也没坏处。只是,哎!"祖母又叹了口气,看了一眼坐在床上玩"摇咕咚"的櫆寿,"二宝乖,以后娘娘给二宝讲故事,讲好多好听的故事,你说好不好呀?"

"好!"已经三四岁的弟弟櫆寿看着祖母笑了,"哥哥讲过,太快听不懂,娘娘讲。娘娘讲故事,哥哥带我玩,小虫子还会叫,好玩!"

"天气眼看又热了,娘,您的席子该换一张了。"

"眼下家里不富裕,那四五十亩的水田收成又不好,还是省着点吧,我那张席子再将就一年吧!"

"其他各房这几年好像也都不太景气。"

"周家的这三个台门啊,要说好一点儿的,还就是我们新台门这几房还好点儿。可惜,你公公做官在外一直没有什么银子回来,清官是好,可别脾气不好,得罪人太多,官升不上去,薪俸也少,这就清上加清了。"

"我还是小时候在家见过公公一面。算起来公公在外做官也有十多年了,也该回来一趟了。"

"官身不由己,忠孝难两全啊!等伯宜中举中进士,你的体会就更深了。"

"听说公公在北京又娶了一房姨太太?"

"总共两个,先前一个生了孩子不久就死了,孩子比阿宝小一点儿。后来又娶了一个,才二十多岁,你说他能想着回来吗?京城多好啊,啊?"祖母的眼睛湿润了。

"娘,听说圣人说'父母在,不远游'。"

"还说'游必有方'呢,去京城做官当然是'游必有方'了!"

"娘,听说二叔公有一本《二十四孝图》,是不是借给阿张看看,让他多学点儿孝道。"

"那你去跟二叔公说吧,我累了,回去歇息了。"祖母说着站起来,"二宝,回头娘娘给你讲故事,讲你哥哥也没听过的。"

第二天,樟寿在母亲的指点下,找二叔公借《二十四孝图》。二叔公没想到这么小的孩子就想学习孝道,一时高兴,索性把书送给了樟寿。他哪里想得到,樟寿喜欢的是书中的图画。

从二叔公家出来，抱着书，樟寿真是大喜过望。这是别人送给他的，只归他一人独自拥有的第一本书。书里边上面是文字，下面是图画，看着画能猜故事。再加上一些字是认识的，看着就更有意思了。

樟寿粗粗看了一遍，再细看时，就有一些搞不懂的了。问长妈，长妈真神了，虽然她不识字，却能看懂这本书。她知道画里的人和鬼都叫什么名字，也知道他们都在干什么事，说什么话。这天樟寿又去问长妈。

"给你讲了好几个故事了，我突然想起来应该考考你一个最根本的东西，"长妈伸出一个手指，"什么是'孝顺'？"

"咳！"樟寿满不在乎地说，"孝顺就是听话，文言叫'从命'，就是从小听父母的话，长大了，年老的父母能好好地吃饭。"

"就这么简单？"

"就这么简单！"

"那你看啊！"长妈指着樟寿翻开的画，"这是'子路负米'，是说子路不辞辛苦，到很远的地方去给父母找吃的，这个简单！看下一个，喏，'黄香扇枕'，是说热天要为父母把枕席扇凉，冷天要把父母的床铺焐热，这也好办！再看一个，'陆绩怀橘'，是说去别人家做客，把好吃的带回家，给母亲吃，这也不难！下一个是什么？这个有意思，'哭竹生笋'，这是说三国时候的吴国，有一个叫孟宗的人，他的母亲特别喜欢吃竹笋，大冬天也要孟宗给她找竹笋吃，可是竹笋是春天才长啊，冬天哪里能有呢？孟宗没办法，就到竹林子里去哭求，竟然感动了天地，长出竹笋来。"

"哭就能长出竹笋吗？我不信。"

"这是书上说的，还能有假？"

"可能是那块地暖和，先长出来了。"

"净胡说，"长妈假装生气地合上书，"我不讲了。"

"我不说了，你讲吧！"樟寿重新翻开书。

"这是'卧冰求鲤'，这是说晋代有个叫王祥的人，他的继母在大冷天里想吃活鱼，可是冬天水面全冻成了厚冰，没办法捉鱼呀。怎么办呢，王祥就跑到池塘里，脱了衣服要趴到冰上去化冰，这一下也感动了天地，冰自己就化了一块，两条鲤鱼自己跳了出来，他便稳稳当当拿回家给母亲吃了。"

"河里的冰那么薄，人一上去就塌了，怎么卧冰呀！你说这是真的吗？我不信！"

"哥儿，我们这里冬天暖和，北方的冬天可冷了，冰啊有好几尺厚。你没听说吗？'冰冻三尺，非一日之寒'，有三尺之厚啊！"

"要是在北方，冬天就吃不着水缸里的冰了。"

"这个好玩，哥儿一定喜欢，'老莱娱亲'，这是说春秋时有个楚国人,名叫老莱子,自己已经七十岁了,还要穿着五色彩衣去讨父母欢心。有一次他为父母送水,一不小心摔倒了,他怕父母伤心,就装成小孩,躺在地上摇着'摇咕咚','哇哇哇'地学小孩啼哭,结果把父母逗乐了。"

"那爷爷应该在家装小孩了?我不信,这不好看。"

"这个好看,你看'郭巨埋儿',这是说晋代有个人叫郭巨,家里特别贫穷。他有一个儿子刚刚三岁,经常要分郭巨母亲的食物,郭巨看来看去心里难受,只好对妻子说:'家里太穷,养不起母亲,儿子又要去分吃的,不如把他活埋了吧?'"长妈停了一下,看见樟寿吓得缩了缩脖子,放慢了速度,"结果在刨坑的时候,挖到了一坛子黄金,足有好几十斤重,上面还有一块铁板,写着'赐孝子郭巨',这下子好了,郭巨的母亲和儿子都可以好好地活下去了。你看这张画多可爱啊!"

樟寿看着那张画:郭巨的儿子被他母亲抱着,高高兴兴地笑着,手里还玩着"摇咕咚"。

"要是没挖出来金子呢?"樟寿问道,"我刚才真替这小孩捏了一把汗,等挖出金子才觉得轻松。"

"孝心到了,就会挖出金子。"

"我们家要是埋小孩,是不是得埋我和弟弟呀?"

"不许瞎说!"长妈急忙一捂樟寿的嘴,"不许说不吉利的话,快到门口啐三口,快去!"

樟寿很少看见长妈这么严厉，只好到门口冲着外边："啐！啐！啐！"啐完了，跑回来夺下长妈手里的《二十四孝图》，往桌子边上一扔，说："不看了，玩去了。"

樟寿本想往百草园跑，经过一个空房间，突然听见里边有"喷！喷喷喷喷！"的怪声。这是老鼠数铜钱的声音啊！樟寿吃一惊，悄悄地推开房门，只见一条蛇伏在横梁上，再看地上，躺着一只隐鼠。虽然隐鼠只有拇指大小，但还是看得很清楚，它口角流血，但两肋一起一落的，似乎还在喘气。樟寿赶忙取来一个纸盒子，把隐鼠横放在里面，端回房。

吃过晚饭，樟寿赶忙回房，打开纸盒，发现隐鼠竟然醒了过来。他赶忙又跑到厨房，取来一些米饭、肉渣之类的食物，放进纸盒一点儿，看隐鼠一个劲地闻，好像想吃但又吃不动的样子。樟寿想起什么，又赶忙取了一点儿水，一点点喂它，它居然贪馋地喝了几口水，喝过水歇了一会儿，然后抱起米饭、肉渣香喷喷地吃起来。吃完开始爬，在盒子里转了几圈以后，趴在一边睡着了。

到了第二天，樟寿看见隐鼠在盒子里一个劲儿地乱跑，好像身体已经复原了，于是把它倒出来，它在桌上走来走去，怪神气的，樟寿又把它放在地上。

"你走吧！回家去吧。"

隐鼠看看四周，并没有逃走，反而跑回到樟寿的面前，顺着他的腿往上爬，一直爬到膝盖，好像爬累了，抓着裤子，喘着粗气。樟寿怜爱地把它捧起来，吃晚饭时悄悄地带在身边。樟寿见大家都吃完饭，就悄悄地把隐鼠放在桌上，隐鼠便大摇大摆地捡一些菜渣吃下去，又舔舔碗沿……

"这孩子今天怪了，平日一吃完饭就没影了，不知飞哪里去了，今天可好，别人都吃完了，他还坐在那里不动。"母亲嗔怪道。

"哥儿，起来吧，该收拾碗筷了。"长妈拿着抹布走过来，"哎呀，妈呀！这是什么呀？隐鼠怎么上桌了，快打死它！哥儿，快打死它。"

长妈见樟寿不动，挥起抹布就要朝隐鼠抽去，没想到樟寿一把将隐鼠兜在怀里。

"这是我养的隐鼠，可乖了。"

"什么？你养小老鼠？"长妈睁大了惊恐的眼睛。

"哥哥，我看看你养的小老鼠。"櫆寿张开双手跑过来。

"不能看，它还小呢！会被你玩死的。"樟寿揣起小隐鼠跑了出去，身后留下母亲的叹息声。

樟寿回到屋里开始写字、读书。这隐鼠也怪，总是在樟寿的书桌上来回踱步，看见砚台里有研好的墨汁，还来舔吃干净。这使樟寿悄然想起父亲讲过的墨猴，自己一直渴望得到一只，但始终不能如愿，今天眼前走动着的隐鼠，不就是一只活着的"墨猴"吗？可见父亲讲的故事是一点儿也没错了。虽然没有得到墨猴，但得到一只可爱的"墨鼠"，也足以让人感到十分骄傲。

时而出现的"墨鼠"使樟寿高兴了一两个月，忽然有一两天没有见到它的身影，樟寿从桌上到床下，屋外院里找了大半天，一点儿踪迹都没有，耐心地等了又一个大半天，还是不见。

"阿妈！你倒是帮我找找呀。"樟寿一边翻着箱子，一边对长妈焦急地说。

"哎！别找了。"长妈扶住樟寿的肩膀，轻轻地对他说，"隐鼠是昨天晚上被猫吃了！"

"什么？猫！"樟寿一听大怒，脸上充满了愤恨和悲哀。

樟寿跑到院子里，一眼看见了蹲在石头凳上舔毛的大花猫，他顺手拿起笤帚，悄悄地绕到花猫的身后，斜斜地举起笤帚，猛地砸落下来。这猫也十分警觉，眼看笤帚就要打在身上的那一刻，一下子蹿了出去。樟寿发狠地追过去，乱扫乱打。猫十分灵巧，左蹦右跳，前跑后绕，始终没让樟寿打到。樟寿更气了，发誓要和所有的猫开战。

首战不利，樟寿开始想办法，"练武功"。半年里，他采取飞石击头法，屡获战功；他采取诱入空屋法，打得猫们垂头丧气。久而久之，猫好像都躲着他，他也感到有些无聊和疲累。

一天，樟寿看见一只猫在窗台上睡觉，便蹑手蹑脚凑了上去，想一把抓几根胡子下来。

"樟官也真是的，整天和猫过不去。"是一个女佣的声音。

"连我家的猫也给他打了。好惨啊！打得那猫一瘸一拐的，一个多月才好。"是沈四太太的声音。

"他家的花猫都不敢回家。他干吗那么恨猫呀？"

"他从小就讨厌猫，后来他得到了一只能吃墨的隐鼠，爱惜得不得了，可谁知让猫给吃了，这下就结了仇。"

"猫吃了？才不是呢。我亲眼看见的，那只隐鼠抓着长妈的裤腿要爬上去，被长妈一脚踏死了！"那个女佣十分肯定地又敲了一下什么东西。

"什么？"樟寿好像在寂静中突然听到了一声惊雷。他放过眼前的猫，转身去找长妈。

"阿长！你说，"樟寿凶凶地诘问长妈，"是不是你杀死了我的墨鼠？"

"你管我叫什么？"长妈也生气了。

"阿长，阿长，就叫阿长！"樟寿依旧凶凶地，"我再不叫你阿妈了，你杀死了我的墨鼠……"

"难道我照顾你那么多年，在你心中，我还不如一只隐鼠吗？"长妈声音有些颤抖。

"那你也不能杀死我的墨鼠呀！"樟寿激动得眼睛里涌上了泪水，一转身回房去了。

第九章

做梦常想《山海经》

第二天下了学,樟寿跟在玉田老师的身后,去看老师的花木。

"《花镜》看完了吗?"

"还没有,还有几种花分不太清楚,建兰、蕙兰有时还分不清,芍药、牡丹有时还有点混。"

"只要你不是想翻找别的书就好,我的小友。"

"哪能啊!"樟寿欢快地奔进玉田老师的花圃,仔细看着记着:珠兰、茉莉、建兰、蕙兰、月季、芍药、牡丹、玫瑰……哎呀,还有珍贵少见的马樱花,我以前只把它当成一种很普通的花了。

"整天就知道摆弄这几株破花草。"师母甩着刚洗好的衣服走过来,拿起晒衣服的竹竿,搭在珠兰的枝条上。

"兰爷爷!"樟寿轻声叫着跑进老师的书斋,"师母把晒衣服竹竿搁在珠兰的枝条上了!"

"随她吧!"老师无可奈何地翻看起一本诗集,话音未落,窗外传来玉田太太的咒骂声。

"死尸!"她愤愤地骂道,"连破枝子都用不上,连个竹竿都搁不住。死尸!"

"小友,"老师亲切地叫樟寿,"老师这里的什么书最好看啊?"

"《花镜》!"

"就知道《花镜》!我这里还有一本更好的书,名字叫《山海经》,我拿给你啊!"玉田老师打开书柜,翻了半天,"哪儿去了?"再找一遍,还是没有,打开另几个书柜,还是没找到。

"兰爷爷,您的书是我们族里最多的吧?"

"差不多,"兰爷爷喘了口气,坐下来,"可惜现在不知道放在哪里了。那里面有许多图,画着人面的兽,九颗头的蛇,三只脚的鸟,生着翅膀的人,还有一个叫刑天的怪物,它的头被砍掉了,他就以两个乳头当眼睛,把肚脐眼变成嘴巴,继续挥舞着盾牌和大斧子去复仇……"

"那他的鼻子呢?他怎么喘气呀?"

"你捂住鼻子,张开嘴巴,试试。"

樟寿依样捏住鼻子,张开嘴喘了一口气。

"怎么样?书里画的,都是古人见过的,现在好多已经绝迹了。"

"再找不到了吗?"樟寿略带失望地看着老师。

"轻易找不到了,不过你不用急,我一找到就给你看。"玉田老师指指书柜,"你拿本别的书看,《花镜》看完了快些还我,我还要用。"

"死尸!"师母的骂声又传进来,不知道又是哪一种花木得罪了她。

樟寿一回家就去翻旧书箱,希望能意外地发现那本《山海经》。翻来翻去,都是前两年读《鉴略》的时候看过的,里面画着一些雷公电母站在云头,牛头马面布满地下。《二十四孝图》原来也在这里,因为不喜欢,所以一直也没在意,管它扔在哪里!突然想起来一件事,刚入学的时候,一个同桌嘴里不停地念着"人之初,性本善",手里却偷偷地翻开第一页,目不转睛地看着那恶鬼一样的魁星像。他美美地看着,十分满足的样子真是好笑。他要是看了我的画书,可能就不看魁星像了;我要是看了《山海经》,就不看这些书了。

"吃饭了!"长妈高声喊道,"哥儿,快把书放好,吃饭了!"

"阿张又翻书去了?"母亲问着走进房门,"你又翻什么呀?先吃饭!"

"我找一本《山海经》!"

"《论语》背得怎么样了?"父亲的声音慢慢传来。

"学一半了。"

"《花镜》看完没有?"

"还差一点儿。"

"书要一本一本地读,读完一本再读另一本!"

"老师要借一本《山海经》给我,可一时又找不到,所以……"

"我们家没有《山海经》,那里边稀奇古怪的,现在不读也罢。"

"是。"樟寿嘴里应承着,可心里更痒,因为父亲说的"稀奇古怪"简直让人无比神往。

"吃饭去,吃完了你给我背书。"

"我还没读过《山海经》,背不出的。"

"什么《山海经》?"父亲感到又好气又好笑,"读《论语》!你都快昏头了。"

"是,'子曰:……'"樟寿调皮地一吐舌头,一边背着,一边跑向饭桌。父亲回自己的房间了。

"你家有《山海经》吗?"樟寿问同学。

"刚放学又问书,你读书就不累吗?"同学不耐烦地说。

"听老师说,《山海经》可好看了,里边有人面的兽,九头的蛇……"

"得了,得了,放学就别再谈念书的事了。"另一个同学打断了樟寿的话。

"你们到底谁家有这本书啊?"

"没有!"

"我家也没有。要有,我早看了。"

"卖书的店在哪里,你们谁知道?"樟寿又问。

"我不知道!"

"我知道,过了衙门还得往前走好远。还要过三座桥,四条街,两个庙,在一个大绸布店旁边,对了,另外一边还有一家酒楼,那酒楼好高好大,楼顶还有一个大酒坛。"

"你说里边有卖《山海经》吗?"

"这我就不知道了。"

"我还有几百文压岁钱,一定可以买一本的。"

"哎哟!我肚子疼。"一个同学弯下腰去,悄声说:"沈四太太——'肚子疼'来了。"

"哎哟!"另一个同学立刻也弯下腰去,"肚子疼!"

"哎哟!"樟寿也立刻弯下腰去,"肚子疼!"

"……"孩子们都弯着腰一片声地喊:"肚子疼!"

"讨厌!"沈四太太啐了一口,转身走了。

"哈哈哈哈……"孩子们指着沈四太太的背影,欢快地大笑。

"樟寿,我和你比打旋子。"一个同学把小辫子在脖子上一绕,把辫梢叼在嘴里。

"你比不过樟寿,你输好几次了。"另一个同学也把辫子绕在脖子上。

"谁说的?"先前的同学,含着辫梢说道,"我练了好多天了,这次一定赢!"

"好吧!"樟寿拦腰咬住自己的小辫子。

"开始!"只绕辫子的同学一挥手, "一、二、三、四……九十六、九十七，啊呀，摔倒了，樟寿赢了！"

"不好了，脑袋摔了一个大包，怎么办？"

"找衍太太去。千万不能回家找娘，好的话，骂你一通，再给你搽一点药，要是不好的话，不但没药给你搽，还添几个栗凿和一通骂。"

"衍太太虽然对别人好，可对她儿子就像你说的后一种，挺狠的。"

"所以这时候不能找自己的娘。"

果然，衍太太心疼地摸摸孩子受伤的头，立刻用烧酒调了水粉，搽在肿起的疙瘩上，轻轻地说："这药不但止痛，将来还没有瘢痕。"

"衍太太，你真好！"

"行了，玩去吧！"

孩子们出门碰上了阿祥，说起打旋子，阿祥就和只绕辫子的同学比起来。衍太太门前的空地是砖砌的，不如泥土或石板地光滑。衍太太听外边热闹便走出来，接过樟寿嘴里的数字：

"好，八十二个了！再旋一个，小辫子倒了，先坐地上歇会，阿祥好，……八十五！好，八十六！……"正在旋着的阿祥脚下忽然一绊，脚尖踢在砖缝上，一跤跌在地上。正巧这时阿祥的婶母从院门口走进来，一眼看见阿祥一个旋子没转完跌倒在地。

"你看，不是摔了么？不听我的话。我叫你不要旋，不要旋……"衍太太突然大声说道,并上前扶起阿祥,"快跟婶回去吧!"

阿祥的婶母感激地看看衍太太,揪着阿祥的耳朵回去了。

樟寿和同学们惊奇地看着衍太太。

"继续玩吧!"衍太太笑了笑,回屋去了。

玩的时候倒没什么,一坐下来,樟寿就想起绘图的《山海经》。

到正月间,有一次出去玩的机会。樟寿把新得到的压岁钱也装在兜里,加上原来攒的,真不少啊!

早晨起来,推门一看,樟寿惊讶得张大了嘴巴。外面是一片银白的世界,下雪了!地上、瓦上、树上,到处是白绒绒的雪被。空中的雪花,飘舞着落在脸上,凉沁沁的。樟寿伸手去接,雪花落在手上,融化了。他蹲下身,捧起一大把,握成一个雪团,挥臂扔出去,雪团飞打在树枝上,哗啦啦,炸起一团雪雾,飞落一地雪花。

"扫雪,扫雪。"长妈抱着一把笤帚走来。

"扫它干吗?留在地上,一片银白,不是很好看吗?"樟寿反对。

"雪要是不扫,在地上滑脚,走上去容易摔跟头。"长妈解释道,"把雪扫到树下,堆在树根周围,今年的树就会长得好。"

"给我一把！"樟寿接过笤帚，从门前扫起。

扫完雪，吃完饭，樟寿首先想到的就是堆雪人、打雪仗。在宽阔的百草园，摆开一个战场，双方对垒，左手抱着三四个雪团，右手握着一个最大的雪团，雪团握得紧紧的，勇敢地冲锋陷阵，将雪团连珠炮似地打在对方的身上、脸上、后脑勺上，有的还可以塞进脖子里……

是玩？是走？在白雪的强大诱惑面前，樟寿毫不犹豫地选择了走远路、买奇书。去了大半天，累得够呛，令人十分遗憾的是，两家书店都紧紧地关着门。

樟寿失望地趟着泥雪走回家，到厨房吃了点儿热好的剩饭。

外面的天放晴了，可是樟寿的心情却是阴沉沉的，盼了好几个月，终是一无所获。

"哥儿，累了吧！"长妈关心地问，"书买到了吗？"

"咳！别提了！"樟寿丧气地坐在椅子上。

"到底什么书啊？搞得你整天东问西打听，没事坐那儿还念叨。"

"是一本带画的书，叫《山海经》，特别好看！"

"什么'经'？"

"《山海经》。"

"噢！'山海经'。"长妈反复念诵了几遍，又说，"哥儿，樾寿和其他的兄弟叔侄都到后园子玩雪去了，你还不快去？"

"都去啦?那我也去。"说着,樟寿飞跑出去。

雪后的百草园,完全是另一番景色。夏天油绿的菜地,变成了一片白雪皑皑的原野,孩子们踏上的纷乱的脚印,使它显得有些凌乱。姿态各异的树,这时最有说不尽的风致,那绒绒的雪团挂满枝头,就像被一夜春风吹开了满树梨花。还有那房檐屋顶的白雪,映照着粉白的墙壁。雪后的阳光照射下来,整个百草园一片洁白明丽。孩子们那几身红衫绿袄,在白雪上跳动,更点缀出几分生动和鲜艳。

迎着呼呼的西北风,樟寿和弟弟、叔侄兄弟们跑呀蹦呀跳呀,欢快地呼叫。

"塑个雪罗汉!"一个比樟寿小一岁的堂叔喊道。

"对!塑一个大胖子雪罗汉!"大伙儿一齐喊道。

樟寿和同伴们找来铁锹,一锹锹地把雪堆起来,雪越垒越高,头上渐渐冒了汗,可这塑的还是既不像人,也不像罗汉,大家都有些焦急。

"伯伯来帮帮忙吧!"小二的父亲走了过来,"把这些雪分成两个,压实,压成一个大团,到雪地里滚去。"

果然神奇,雪球越滚越大,樟寿推的雪球也快有眉毛高了。

"把两个球滚过来!"二伯喊道。他把大的放下边,小的放上去,"行了!"

"谢谢二伯伯！"孩子们齐声喊道。

"雪人还没有眼睛呢！"樾寿稚气地喊道。

"拿对龙眼核来就可以当眼睛。"樟寿马上想到了黑黑亮亮圆圆的龙眼核。

"对！我家有。"小堂叔一溜烟跑回家去，不一会儿抓来一把龙眼核。

孩子们从中挑了两个最大的龙眼核，交给最高的孩子。他踮着脚，伸长手臂，给雪罗汉安上了眼珠。

"罗汉的嘴唇是红的呀！"不知是哪个孩子说了一句。

"对！可以用胭脂来涂。"樟寿笑着说。

"我回家拿。"樾寿自告奋勇。

"等你？太阳都要下山了！"小堂叔说着，又飞一样地跑回家去，不一会儿把胭脂拿来了，同时还拿来一张红纸条，一个胡萝卜。

"拿这些干什么？"

"胭脂如果涂不上，就贴红纸。胡萝卜当鼻子插上去！"小堂叔说着动起手来。

其他孩子也纷纷帮忙。樟寿细心地给雪罗汉涂上红嘴唇。小堂叔多次努力，终于把胡萝卜插在了胭脂和龙眼的中间。红纸条被撕成两半，贴在了脸蛋上。

雪罗汉终于塑成了，樟寿他们高兴极了。他们向着它说话，对着它拍手，围着它唱歌、跳舞、欢呼、做游戏……

"哥儿,我告假回家几天,你要自己照顾好自己。"长妈收拾着东西,对刚塑完雪罗汉的樟寿说道。

"长妈,你放心走吧!"樟寿心里一阵欢喜,这几天没人盯着管了,可以天天到百草园看雪罗汉了。

"唉!"长妈深深地叹了一口气。

"今年十四夜,老鼠该娶亲了吧?"

"我们家几百年的老屋了,豆油灯的那点光又暗,不正是老鼠跳梁的地方吗?它们飘忽地走着,吱吱地叫着,那德行,那态度比秀才举人老爷都气派。它们常常咬破了箱柜,偷吃了东西……"

"这都是大老鼠做的坏事,和隐鼠没关系。隐鼠只是在地上走动走动……"

"好了,不提了!今儿玩累了,一会儿吃完饭,早点儿睡吧!"长妈低声说着,走出房门。

过了四五天,长妈穿着新的蓝布衫回来了,一见樟寿,就将一包书递过来。

"哥儿,有画儿的《三哼经》,我给你买来了!"

樟寿好像听到了一声霹雳,全身都震动了一下,赶紧去接过纸包,打开一看,是四本小小的书,略略一翻,人面的兽,九头的蛇……果然都在里面。

"阿妈!"樟寿激动得不知道说什么好,充满敬意地看着长妈。

"哎！"长妈也高兴得要流泪，她心里想：真是个孩子，为了隐鼠叫我"阿长"，为了本《三哼经》又叫我"阿妈"了。

樟寿抱着心爱的宝书跑回房间，迫不及待翻开细看：人面的兽，九头的蛇，一只脚的牛，像袋子似的帝江，没有头的刑天……这只动物的眼睛是长方形的……阿妈真有本事，别人都做不到的事，她都能做成功。

第十章
恋恋不舍安桥头

清明节到了,河道里挤满了上坟的大小船只。

"快躲开,大船队到了。"挤在水道中间的几只乌篷船纷纷向两边划去。

"这是哪家的船队?"

"一定是城里大户,你看船队好长,望不到尾。"

"好大的船哟,是'三道龙门船'哎!"

"一、二、三、四……十二、十三、十四,十四只,总共十四只呢!"

"看清楚了吧!是周翰林家的。"

"要用这么多船?!"

"三个台门,一家族人再加上工人、用人不得二三百人呢?"

"老爷们真舒服,坐在船里一边听着鼓乐,一边开怀畅饮。"

"你看见了吧!好好读书,中个举人翰林,也能这样,家人都沾点光!"

"你看那些小孩妇女,穿得花花绿绿,真是可爱。"

"……"

"旁边的船干吗躲我们呀?"樟寿指着船比画。

"不躲,撞翻了,怎么办?"长妈一摊双手。

"船头画的是什么鸟呀?"

"听说是一种水鸟,名字叫'鹢'。以前,我们这里是大海,生长着这种鸟,它整天飞呀飞呀,专门爱吃龙,龙一见了它,就赶紧跑得远远的。在船头画上这种鸟,龙一见了就害怕,河里就不起风浪,所以我们的船就能平稳。"

"那些小船干吗不都画上呢?"

"他们忙,顾不上再画,原先是有的,船小离水面近,水一冲都洗掉了。"

"阿妈,你看,富盛埠到了。"

"看见了看见了,富盛埠好热闹啊!"

"船靠岸以后,我们穿过那个村子,沿着山脚再走一会儿就到小南山上的祖坟了。"

"祖坟干吗离家那么远?"

"有人说祖先最早是住在那里的,也有人说那里风水好,祖先买了那块地。快!下船了。"

长妈说着,拉起樟寿,跟在抬祭品的工人身后,走下了大船。

清明时节雨纷纷,

路上行人欲断魂。

借问酒家何处有？

牧童遥指杏花村。

　　樟寿一边蹦蹦跳跳地走着，一边得意地吟唱着这首古诗。他手里舞着绽出新芽的柳条枝，不断地抽打着路边大树的腰身。

　　"这是谁教你的歌呀？"母亲问道。

　　"这不是歌，是诗。"樟寿一仰脖子，"前两句是兰爷爷教的，后两句是爹爹教的，我还会别的呢！"樟寿接着唱道：

君不见黄河之水天上来，

奔流到海不复回。

君不见高堂明镜悲白发，

朝如青丝暮成雪。

……

将进酒，杯莫停。

与君歌一曲，

请君为我倾耳听。

……

古来圣贤皆寂寞，

唯有饮者留其名。

……

我最喜欢唱这几句了:

将进酒,杯莫停,
与君歌一曲,
请君为我倾耳听。

唱到这儿,樟寿学着父亲喝酒的样子,做了一饮而尽的动作。

"这孩子,这个学得倒快!"父亲对母亲轻声笑道。

"嘚!驾!哦,哦,吁——,驾!驾驾!……"樟寿学着骑马的样子,撒着欢在马路上跑起来,引得弟弟也"嘚!驾!哦,吁——"地学起来。

"阿张!好好走路。"父亲轻声喝道。樟寿立刻停止了奔跑,慢慢地走在父母旁边。櫆寿也乖乖地走在一边。

"清明上完坟了,你明天照例回趟家吧!"父亲轻声对母亲说。

"好吧!这一晃,我爹也死掉三年了。"母亲伤心地抹了抹眼睛。

"不能说死掉,只能说'老掉'。"樟寿严肃地插了一句嘴。

"大人说话,小孩子不许乱插嘴!"父亲严厉地瞪了樟寿一眼。

"这都是谁教你的这些规矩呀?"母亲轻声笑道。

"是阿妈教的。"樟寿认真地说,"阿妈还教了我好多其他的呢!"

"老爷,太太……"长妈走在一边,一只手抱着衣服,另一只手不知所措地揪着上衣的大襟。

"既然教了,你就要照着去做,明天跟你娘去外婆家,可不许再顽皮。"父亲说完,不再理他。

樟寿一听,憋不住心里的高兴,直想拍手欢笑,可一见父亲冷冷的脸色,只好强行忍住。看着眼前嫩绿的禾苗,鲜黄的油菜花;看着远处朦胧的房舍,袅袅的炊烟,樟寿的心飞向了那片美丽的乐土,那是母亲的娘家——安桥头。

安桥头是一个偏僻的小村庄,离绍兴三十多里。它离海边也不远,有条小河从村中流过,把全村分为南北两半。村里将近三十户人家,全都姓鲁。村庄很小,只有一个很小的杂货店,出售一些最基本的生活用品。村里人靠种田、打鱼和酿酒维持生活。只有樟寿的外祖母家一门子举人、秀才,是靠读书、做官生活的。

"樟寿来了!"小孩的欢乐声从村东传到村西。

"樟寿来了!"小孩的欢乐声又从村南传到村北。

嘿!樟寿从门口望出去,只见涌进来一群农村小孩。

"六一、七斤、双喜、阿发、'阿叔''大太公''二太公''三太公'……你们都来了!"樟寿欢快地迎上去,拦住他们,看看这个,看看那个。

"我爹今天夜里要去河里捕鱼,把渔网那么一扔,'哗'地从天上一直盖到水里,月光下可好看了,你去不去?""三太公"急急地问。

"你爹干吗半夜里打鱼呀?"母亲不解地问。

"后天赵庄唱社戏,白天不能打鱼了,所以夜里打了鱼,一早卖了,白天就不用打鱼了。""三太公"啰哩啰唆地解释道。

"对了,不说忘了,"外婆拍拍脑门,"你们这次来得挺巧,正赶上赵庄唱大戏,要唱一天一夜呢!我们村还交了钱的。"

"你今天晚上可跟我打鱼去?""三太公"摇着樟寿的手。

"打鱼有什么好玩,不如跟我去叉青蛙。"双喜叉着手喊道。

"对,我们去叉青蛙吧!"几个孩子附和道。

"今天呀,哪儿都不去!"外婆笑着取出一双布鞋,递给樟寿,"试试!今天晚上在家陪外婆说话,明天再陪你们玩。"

"那我们现在先出去玩一会儿,晚饭前准把樟哥儿送回来。"孩子们哄笑着把樟寿裹挟而去,开始在村里村外大游行。

第二天早饭一过，外婆就找不到樟寿的影子了。樟寿跟着六一和七斤，赤着脚、卷着裤腿和袖口，提着小桶，拿着大碗，跑进地里挖了一堆蚯蚓。然后三人跑到河沿上，趴着把蚯蚓穿在铜丝做的小钩上，钓起虾来。可能是蚯蚓太好吃，也可能是虾太呆，虾总是毫不犹豫地立即将看见的蚯蚓，用两只钳子捧着，送进嘴里。不到半天，三人便钓到一大碗青绿绿、活蹦乱跳的虾。

"真有趣！"樟寿无比欢快地又把一个呆虾请到岸上来。

"不少了，我们开始吃吧！"七斤放下自制的钓鱼竿。

"你们先吃，我再钓几只。"樟寿又把一个穿好蚯蚓的鱼钩放进水里。

"行了！该吃中午饭了，要是晚了该挨骂了。"

"是呀！上午我爹让我陪你玩一会儿，下午该干活了，回去晚了可受不了。"

"那好吧！怎么煮啊？"樟寿放下钓竿。

"煮什么呀！忘啦？把皮一剥不就吃了！"六一和七斤都笑起来。

"对了，生吃！"樟寿也笑了，抓起了一只剥去皮，将虾连肉带脑放进嘴里，"真好吃！你们吃呀！"

"你多吃点，我们常吃的。"六一咂着舌头，馋馋地看着虾。

"是，你多吃点。"七斤也馋馋地看着虾，低声附和着。

"咳!虾有什么新鲜的。一块儿吃,快吃!"樟寿说着抓起虾,分给六一和七斤,六一和七斤欣喜地接过虾,快速地剥去皮,三人比赛着吃起来。

"你知道吗,一斤虾能换回多少钱?"六一边吃边问樟寿。

"你猜能换回几斤面?"樟寿反问道。

"一斤面。对不对?没错!我爹说过的。"

"哈哈哈哈,我知道了,一斤面能换十二个'吹嘟嘟',一个'吹嘟嘟'一文钱,你说能换多少钱?"

"这——"六一和七斤搔着头,不知道该是怎么个算法。

"哞——"随着一声牛叫,双喜赶着一头大水牛,"大太公"赶着一头大黄牛,"二太公""三太公"、阿发、"阿叔"四个人骑着两头牛跑了过来。

跑到跟前,双喜看了一眼空碗,失望地挥了挥手中的树枝。

骑在牛背上的孩子跳下地,双喜跳上他的大水牛。

"樟哥儿,你骑上大黄牛,我俩比赛,看谁跑得快。"

"好!"樟寿跑到大黄牛跟前,不由得后退了几步,只见黄牛的大眼睛朝着他咕噜咕噜地转,尾巴不住地甩,那大犄角也仿佛要猛刺过来。

"干吗那么怕呢!它可听话了,我们都敢骑它。"

"你试试就知道了！没事。"

孩子们纷纷试给他看，可他就是害怕，他感到很惭愧。

"算了，算了！"双喜跳下牛背，"赶紧回家干活去，明天好去赵庄看社戏。"

赵庄与安桥头之间是水路，必须乘船去。安桥头的一条大船是专跑城里的，路上不经过赵庄，而村里的小船又不能用，于是他们向邻村借，那边说都借出去了。这下子樟寿可着急了，急到下午也没有大船。眼看着双喜他们都去了，樟寿急得直要哭。他好像听见了锣鼓的声音，好像看见双喜他们在戏台下买豆浆喝。一直到晚饭时，樟寿也吃不下饭，喝不下水，弄得外婆也挺难受。

一会儿，看完戏的双喜他们都来找樟寿，兴高采烈地学着戏文。樟寿越听越难过，躲在一边不说话。双喜他们看着樟寿的样子，也都叹起气来。

"大船？"双喜一跺脚，"八叔的航船不是回来了么？"

"对呀！今天晚上我们陪你去！"孩子们围住了樟寿。

"你们都是孩子呀！"外婆不放心地看着他们。

"我写包票！船又大，樟哥儿向来不乱跑，我们又都识水性的！"双喜拍着胸脯大声说道。

外婆和母亲脸上现出微笑，樟寿那沉重的心一下子轻松了，顿时感到身体舒展开来，说不出有多满意。

"要小心！"

随着母亲一声吩咐，大家飞奔出家门。月光下，一只白篷的大船停泊在石桥下。他们跳上船，双喜拔前篙，阿发拔后篙，年纪小的陪樟寿坐在船舱里，年纪大点儿的坐在船尾。出了石桥，船上架起两只橹，两人摇一只，有说的，有笑的，有嚷的，还有船头击水发出的潺潺声。左右两边碧绿的豆麦田，飞一般的向后退去。

樟寿深深地吸了一口气，豆麦和河底水草的清香，夹杂在水气中扑面而来，月色在水气里显得十分娇媚朦胧。淡黑的远山，连绵起伏，像房背上踊跃的铁兽，都远远地向船尾跑去。前面好像看见了赵庄的影子，还听到吹奏横笛和唱歌的声音，还有几点火，一定是戏台了。那火接近了，却是渔火；樟寿这一下恍然明白，刚才看见的影子并不是赵庄。那是正对船头的一丛松柏林，去年还去玩过的，那里有一匹破石马倒在地上，有一只石羊蹲在草里……

过了那片松柏林，船便拐进了一个叉港。樟寿看见，赵庄真的在眼前了。最显眼的是屹立在庄外河边空地上的一座戏台，在月夜中模模糊糊，和天空几乎分不出边界，简直就是画上见过的仙境。船走得更快了，台上的人物显现出来，红红绿绿的在动，台前的河里，乌黑一片全是看戏的船篷。

"近台没有什么空了，我们远远地看吧！"阿发说。

在乌篷船的后面，一只白篷船静悄悄地停下来。在停船的匆忙中,樟寿看见台上有一个黑色长胡子,背上插着四张旗,手握长枪,和一群赤膊的人打仗。

"这就是有名的铁头老生,能连翻八十四个筋斗。我白天数过!"双喜手里连续地划着圈。

再看那铁头老生,没有翻筋斗,倒是那几个赤膊的人翻一阵,进去了。接着走出一个小旦,咿咿呀呀地唱起来。

"晚上看客少,铁头老生也就松懈了,谁愿意把本领表演给空地看呢?"双喜解释道,"现在看戏的,那几十个站着的,都是本村和邻村的闲汉,那些乌篷船里的财主和家眷,只不过为了吃点儿糕饼、水果和瓜子,可以算是空地一片。"

"阿祥,买点儿豆浆去吧!"双喜的话提醒了樟寿。

看着小旦进去,老生又出来,樟寿觉得没劲,他盼望着蛇精能出现。那蛇精蒙了白布,两手在头上捧着一个木棒似的蛇头。接着是套了黄布衣服跳老虎。

"没有了,卖豆浆的聋子回去了。白天倒有,我还喝了两碗呢。现在去舀一瓢水来给你喝。"

"算了,不用了。"樟寿接着看戏,也不知道看了些什么。只觉得戏子的脸都变得有些稀奇了,那五官渐渐地不明显了,似乎融化成一片,已分不出什么高低胖瘦了。

年纪小的几个开始打哈欠了,大的也各自聊天,不去专心看戏。

"花白胡子用马鞭打红衫小丑了。"

"好哇！一、二、三、四……"大家欢笑着又振作起精神。

"哎哟！老旦出来了，最讨厌了，她可别坐下。"

"老旦唱起来没完没了，最没劲了。"

"她真的坐下了！死老旦……"双喜破口骂起来。

"她站起来了！"

"怎么又坐下了？还唱啊！"

"就怕她唱到天明还唱不完，咱们走吧。"双喜终于熬不住了。

"好！"大家立刻响应，像来的时候一样踊跃。三四个人奔船尾，拔了篙，转过船头，架起橹，骂着老旦，又向那松柏林前进了。

月亮还没有落下，这时的月光又显得格外皎洁。回望戏台，灯光火影中，又像来时一样，缥缈得像一座仙山楼阁，被红霞罩住了。

悠扬的横笛又一次吹到了耳边，樟寿心想老旦可能已经进去了，但也不好意思说再回去看看。

周围是浓浓的黑暗，在深夜里，船飞快地划过了松柏林。孩子们一面议论着戏子，有的骂，有的笑，一面加紧摇船。这时船头击水的声音更响亮了，那航船，就像一条大白鱼，背着一群欢快的孩子在浪花里蹿，连夜里打鱼的几位老渔翁，也停住了手，看着喝起彩来。

安桥头的石桥已在眼前。明亮的月光下，黑魆魆的村庄却只有石桥的一点白光,在眼前清晰可辨。

"船怎么慢下来了?"

"太累了!"摇船的纷纷放下了橹。

"刚才太用力,现在力气跟不上。"

"好久没吃东西了!"

"罗汉豆长得正旺盛,柴火又是现成的,我们去偷一点来煮煮吃。"出主意的是桂生。

"那还不快点走!"双喜抓住一把橹,猛摇起来。

"快点!快点!"十几个人一齐行动,有的准备柴草,有的准备盐,有的撑篙,有的摇橹,有的瞭望……顷刻间,船便靠近岸边。

岸上的田里,乌油油地长满了结实的罗汉豆。初起的河雾在上面轻轻地划过,仿佛熟睡的孩子被盖上了温馨的轻纱。

"阿发——,阿发,这是你家的,这边是六一家的,我们偷哪一边的呢?"双喜先跳下船,这时在岸上轻声地喊道。

孩子们纷纷都跳上岸,阿发一面跳,一面轻声喊:"慢一点,让我来看一看吧。"于是,他来来往往摸了一遍,直起身来说道:"偷我家的吧,我家的大得多呢。"

"好!"一声齐应,大家便散开在阿发家的豆田里,各摘了一大捧,抛入船舱中,又回身冲进地里。

"不能再偷阿发家的了,再多偷,阿发娘知道了是要哭骂的。"双喜拦住了大家。

于是众人又到六一公公的田里,各偷了一大捧回到船上。

几个年龄大的慢慢地摇着船,年龄小的和樟寿剥豆,另外几个到后舱生火。不久豆煮熟了,孩子们都围起来用手撮着吃,任凭船在水面上浮游。吃完豆,把豆壳全抛进河水里,然后一边开船,一边又洗干净器具,清扫干净了所有的痕迹。

"我们用了八公公船上的盐和柴,这老头子很细心,一定会看出来,一定会骂的。"双喜脸上现出忧虑的神色。孩子们也纷纷议论起来。

"他如果骂,我们便要他归还去年在岸边拾去的一棵枯柏树。"

"还要当面叫他'八癞子'。"

"……"

"都回来了!哪里会错。我原说过写包票的!"双喜在船头上忽然大声地喊。

樟寿向船头一望,前面已经是石桥了。桥头上站着一个人,正是母亲。双喜正对着母亲说话。

樟寿走出船舱,船也就进了桥洞。停了船,孩子们纷纷上岸。

"怎么回来得这样迟?已经过了三更了。"母亲有些生气,接着又高兴起来,笑着邀请孩子们,"都到我家吃炒米去。"

"我们都吃过点心了,现在都困了。"

"那就早点儿回去睡觉吧!"母亲带着樟寿也赶紧回家了。

樟寿一觉睡到第二天中午,饭前饭后都没听到有关八公公柴盐的事,下午仍然又去钓虾。

"双喜,你们这班小鬼,昨天偷了我的豆了吧?又不肯好好地摘,踏坏了不少。"樟寿抬头一看,见六一公公正摇着小船,从集上卖了豆回来,船舱里还有剩下的一堆罗汉豆。

"是的,我们请客。我们当初还不要你的呢。你看,你把我的虾吓跑了!"双喜说。

老六一看见樟寿也在旁边,便停住了船,笑道:"请客?——这是应该的。"接着又转向樟寿问道:"樟哥儿,昨天的戏可好么?"

"好。"樟寿点了点头。

"豆可中吃呢?"

"很好。"樟寿又点了点头。

"这真是大市镇里出来的读过书的人才识货!"不料六一公公竟激动起来,将大拇指一翘,得意地说道:"我的豆种是经粒粒挑选过的,乡下人不识好歹,还说我的豆比不上别人的呢。今天我也要送些给我们的姑奶奶尝尝去……"他说着摇起船过去了。

吃晚饭的时候母亲特别高兴，指着桌上一大碗煮熟的罗汉豆说："阿张，多吃点，这是六一公公特意送来的，他不停地夸你，说你'小小年纪便有见识，将来一定要中状元。'真是挺奇怪的。"

"还夸你娘呢，"外婆用筷子点着樟寿的鼻子，笑眯眯地学着老六一的口气，"姑奶奶，你的福气是可以写包票的了。"

樟寿听了也十分高兴，抓了一大把罗汉豆便吃，吃来吃去却觉得没有昨天夜里偷来的好吃。

"娘，明天我想回去了。"母亲对外婆说。

"急什么，再住两天嘛。"

"不行，家里的事情多。我帮着婆婆管家时间不长，有很多事情要做；还有他爹、櫆寿他们在家里我不放心。还有阿张的学业不能耽误。"

"再住两天嘛！"樟寿看着母亲请求道，"你和外婆再多说说话。"

"那好吧！那就后天早晨走。"外婆痛快地决定着，"阿宝明天再痛痛快快地玩一天。明天，婆婆再给你做点儿你爱吃的，让他们捞点虾，摘点豆子，带回去……"

第二天，双喜几个人又带着樟寿到海堤上看潮，到海滩上捉蟹，还到镇塘殿去看了盐灶。盐工们热情地欢迎了这个城里来的聪明可爱的"外甥官"。

第十一章
蓝门一载留空梦

从外婆家欢天喜地地回到城里，樟寿直奔玉田老师的房里，他在农村又认识了好多花草，他要对着《花镜》再看一遍。可是从玉田老师那里回来，樟寿却是一副垂头丧气的样子。他知道了一个消息：兰爷爷教的书他已经学完，明天他要改去子京公公的私塾念书了。

子京公公和樟寿家同住在新台门的大院子里，子京公公的私塾，离樟寿的住房只隔一个天井。因为子京公公的大门是蓝色的，所以人们都叫它为"蓝门私塾"。

跟着子京公公学了将近半年，樟寿觉得十分苦闷。因为子京老师的学识，连小孩都觉得很差。

"荔枝很好吃，可你们知道怎么写吗？我写给你们看啊！"子京公公拿起毛笔写下了一个字，"草字头下三个刀，"端详了一番，子京公公觉得不太像，划去重写，"木字右边三个力，好了，都照着写吧！"

晚上父亲检查功课，看见樟寿写了个怪怪的"枂"字，一问之下，在旁边写了一条批语："错把'草'字当'木'字，且安错了位置。"

第二天樟寿拿回功课，父亲再看，见子京公公也在旁边写了条批语："真正大白木"。父亲无奈地摇摇头，对樟寿说："以后你每天的功课我都要看一遍。"

过了两天，樟寿学着子京公公，把东方朔念成"东方叔"，父亲赶忙纠正过来。

"子京公公，'东方朔'不是'东方叔'，应该念'东方朔'。"第二天课堂上，樟寿大声地说。

"你晓得什么？"子京公公脸上一阵发红。

忽然，子京公公家的女佣一头撞进书房来。她蓬头垢面，蓝衣衫青布裙也是脏脏的。她醉醺醺地坐在床前的一把太师椅上，东倒西歪地却坐不住，子京公公只好跑过去扶住她。

"我眼前一道白光！"女佣人忽然大喊一声。

"白光！哪里？"子京公公一听，急得发了慌，马上对学生们说道："今天放学了，快走吧！"说完，他便奔了出去。

什么白光，看把老师急的——樟寿不明白到底发生了什么事。第二天通知仍然放学不上课，一连好几天。樟寿也没闲着，自己读完书。他去找长辈打听，原来子京公公是在挖掘地下的金银财宝。听说祖先在修建这个大宅院的时候，曾经在地下埋藏了一笔宝藏，以备将来有危难的时候用。埋宝的地点记录在一条口诀中，叫作"离井一牵，离檐一线"。宅里有的人试过，行不通，只好放弃。唯独子京公公有信心，在蓝门里多次挖掘，有一次好像已经找准地方了，叫工人把石块凿出个圆洞，说是正对着埋在底下的藏宝的缸口，结果深挖下去，什么宝也没找到。醉女佣眼前一道白光，在子京公公看来，就是那笔宝藏中的白银在发光。于是他马上找来泥瓦匠和石匠，连夜挖掘。直挖到天快亮了，才挖出一个深坑。子京公公亲自跳下去检查，慢慢摸到一块石头的方角，很像装棺材的石椁，子京公公大吃一惊，慌忙往上爬，没想到却把腰骨闪了，这两天正躺在床上养病呢！

晚上，樟寿把子京公公挖宝的事当笑话讲给父亲听，父亲哑然一笑，道："换个地方读书好不好？"

"好！不过别再碰上子京公公这样的老师。"

第十二章
三味书屋有余香

快过年了,又下雪了。其他孩子都在上学,只有樟寿这两天不用去上学,因为新年他要换学校了。他来到百草园,一个前扑,趴到地上,将自己的全身倒在雪地上印出一个大印子。"再拍一个雪人",他或倒或卧,又接连拍了几个雪人。一抬头,看见一个人正蹲在地上不知道干什么。

他悄悄地走过去,原来是庆叔在捉鸟。只见庆叔扫开一片雪,露出地面,用一枝短棒支起一面大竹筛来。下面撒些瘪谷子,棒上系一根长绳,人远远地牵着,等待鸟雀飞下来啄食。看鸟雀走到竹筛底下的时候,将绳子猛地一拉,竹筛扣下来便将鸟雀罩住了。

"庆叔!我也要玩。"樟寿一声喊,吓了庆叔一跳。

"调皮鬼,吓了庆叔一跳。"庆叔回过头来,笑着朝院子后门一努嘴,"到我屋里找找去,别乱翻,翻乱了我的东西,庆叔可没法做竹玩具了。"

一会儿,樟寿拖着一个大竹篮、一根短绳、一根竹棒来到庆叔身边,抓起一把瘪谷子。

"到那边去,我俩离远点儿。"庆叔帮他把绳子系在竹棒上。

樟寿兴冲冲地跑到树底下，用脚刮开一块雪地，依照庆叔的样子摆好竹篮，拉好绳，撒下谷子，悄悄地蹲在另一棵树后。等了不一会儿，还真灵，几只麻雀叫着跳了进去。樟寿屏住呼吸，一拉绳，跑过去一看，真泄气，明明看见它们进去了，怎么什么都没有。折腾了半天，不过捉住了三四只。

再跑去看庆叔，叉袋里叫着撞着，已经捕获了几十只。樟寿打开一个小口向里看，问庆叔："那只脸颊白色的叫什么？"

"那叫'张飞鸟'，性子特别急躁，养不过夜的。"

"我怎么明明罩住了，一打开却没有呢？"

"你太性急，来不及等它走到中间去。"庆叔静静地笑着说，"捕鸟和钓鱼一样，只有它认真地去吃，你才能趁它不注意，一下子抓住它。"

"我再试试。"樟寿羡慕地看着庆叔的叉袋，跑回自己的捕鸟场。

年初一，雪仍然没有停。父亲带着樟寿冒雪去给新老师贺年。

"三味书屋是全城中最严厉的私塾，寿镜吾老师是本城中极方正、极质朴、极博学的人。"父亲一边走着，一边慢慢地向儿子介绍着、嘱咐着，"进了三味书屋要更加刻苦，要不然功课跟不上。你已经十二岁了，弟弟櫆寿也上学了，你做得怎么样，都会成为他的榜样。到了三味书屋，可不能像在自家似的，你看你有多顽皮，拔何首乌毁了泥墙；将砖头抛到隔壁的梁伯伯家里；站在石井栏杆上往下跳；……这些都不说了，以后靠你自觉了，不要让老师来找我告状。"

出门向东，父子二人走了半里路，走过一道石桥，便到了寿镜吾先生的家了。从一扇黑油油的竹门进去，第三间便是书房。房屋正中上方挂着一块横匾，横书四个大字：三味书屋。匾的下面是一幅画，画着一只很肥大的梅花鹿伏在古树下。看来看去，没有孔子牌位，于是就对着那匾和鹿行礼。第一次算是拜孔子，樟寿跪下去叩首，四跪四拜。接下来是拜老师。当樟寿向老师弯腰作揖行礼时，寿镜吾先生便站在一旁和蔼地答礼。

樟寿十分恭敬地看着老师，他是个高而瘦的老人，须发都花白了，还戴着大眼镜，身上穿着退了色的红青棉外套。

近来樟寿识字多了，也学完了"四书"，慢慢地又翻看了许多家里的杂书，有《三国演义》，有《西游记》，有《封神榜》，有《荡寇志》，有《镜花缘》，有《聊斋志异》，还有弹词《义妖传》，等等。他有时在课堂上也会想起其中的故事来。

"你已学过"四书",背几句我听听。"寿镜吾先生挑了几段,起个头。

"……"樟寿接着老师的开头,流水一样地背出后面的文字。

"好,好!"寿镜吾先生满意地点点头,"下面,跟我学"五经",这"五经"包括……,我们先学《诗经》……"

"……"樟寿跟着念了一段《诗经》。

看着老师那渊博的样子,樟寿忽然想起子京公公讲过的事:东方朔也很渊博,他认识一种虫,名叫"怪哉",是冤气凝结成的,用酒一浇,就消失了。这个故事阿妈不知道,因为她毕竟不渊博。现在机会来了,可以问先生。

"先生,'怪哉'这种虫子,是怎么一回事?……"念完一段新课,将要退下来的时候,樟寿赶忙问。

"不知道!"寿先生的脸上挂着怒色,"做学生的不要问这些事,只要读书!"

"是!"樟寿退回到自己的座位,心想,您是渊博的大学问家,肯定不会不知道,所以说"不知道",就是不愿意说,年纪大的人往往如此,我遇见过好几回了,骗不了我。

从此,樟寿一心读书,上午学习写字,晚上造句对对子。寿先生最初几天对他十分严厉,后来看他学习好,就对他慢慢地好起来。

三味书屋后面也有一个小园子。学生们常常趁老师不在的时候去玩，他们有的爬上花坛去折蜡梅花；有的在地上或桂花树上寻找知了的外壳；最有意思的是捉了苍蝇喂蚂蚁，这时几个人围在一起，静悄悄地，没有声音。

"人都到哪里去了？"同学们去得太多，玩的时间太长，终于被寿先生发现了。

"读书！"寿先生瞪着一个个陆续走回来的学生，大声喝道。

于是大家放开喉咙狂读一阵书，真是人声鼎沸。

"仁远乎哉？我欲仁，斯仁至矣。……"

"笑人齿缺，曰狗窦大开。……"

"上九，潜龙勿用。……"

"厥土下上上错厥贡苞茅橘柚……"

"……"

"铁如意，指挥倜傥，一座皆惊呢……"寿先生自己也念起来。学生的声音低下去，静下去，只有他还大声朗读着，并且微笑起来，将头仰起，摇着，向后面拗过去，拗过去，"……金叵（pǒ）罗，颠倒淋漓噫，千杯未醉嗬……"

樟寿极羡慕地望着老师，心想这一定是极好的文章，老师什么时候能教我呢？忽听有轻微的响动，回头一看，见几个同学趁老师读书入神，正用纸糊的盔甲，套在指甲上做戏。樟寿心里一笑，拿出白纸，蒙在《西游记》上，把小说里的画像一个个描下来。

"屋里一只鸟,屋里一只鸟!"寿先生忽然大声嚷道。

同学们都吃了一惊。

"哪有鸟啊?"低低的声音。

"先生着魔了。"声音低得几乎听不见。

"先生的玻璃镜上有个小虫!"樟寿喊道。

"怪哉!"寿先生摘下眼镜,"呼"地一口吹掉小虫。同学们一片哄笑,先生自己也笑了。

"这就是'怪哉'吗?"樟寿突然想起那只冤气凝结成的小虫,赶紧跑下自己的座位,前去寻找,可是怎么也找不到。一抬头,鼻子里竟然闻到微微的酒气,心里明白,老师一定喝了一点儿酒。

"什么'怪哉'?"寿先生瞪着眼问。

"就是上次我问过的小虫'怪哉',它果然一遇酒气就化了。没了!"

"真不知你在说什么。回去读书!"寿先生戴上眼镜,"刚才你们都在干什么?是我读书呀,还是你们读书?"

"我们读书!"学生齐声回答。

"读书干什么?"寿先生接着问。

"上为国家效力,下为黎民百姓解忧。"学生齐声念诵。

"好,我明天先考你们对对子,看谁真的在认真读书!"寿先生严肃地坐下,拿起镇纸一拍桌子,"读书!"

"……"一片沸沸扬扬的读书声又一次冲天而起。

第二天上课前，樟寿又跑到后园子里去玩"苍蝇喂蚂蚁"。蚂蚁越聚越多，在苍蝇的周围已经聚成了团，而远处的蚂蚁，还在成群结队地长途跋涉而来。樟寿看得正高兴，同学高大个神秘地走过来。

"周樟寿，帮帮忙吧，都知道你对的对子好。"

"帮什么忙呢？"樟寿依旧看着蚂蚁向苍蝇身上爬。

"我刚才偷偷地到老师桌上翻题，你猜怎么着，对子的题目我看到了，是'独角兽'，你可别告诉别人啊！"高大个兴奋地搓着手。

"'独角兽'？"樟寿眨了眨眼睛。

"对！你看对啥好呢？"

"四眼狗！"樟寿想起高大个平时总爱骂别人是"四眼狗"，现在不由得脱口而出，心里觉得十分好笑，不禁又哈哈大笑起来。

"嘿！"高大个也笑了，并朝樟寿跷起大拇指，"你真行！我平日爱说'四眼狗'，今儿个果然碰上了，'独角兽'与'四眼狗'确实是对子。你看，不光意思对，连每个字都对得准准的！'独'和'四'对，单数对双数；'角'和'眼'对；'兽'和'狗'对，嘿，真是对偶！你再想一个别的自己用吧，这个归我了。"高大个说完趾高气扬地昂着头走回课堂。而樟寿不当回事地早已去玩蚂蚁了。

上课的时间到了，寿先生高声说道："今天对对子的题目是'独角兽'，谁来对？"

"我来对！"高大个神气地站起来，使先生、同学都感到十分意外。只有樟寿心里明白，忽然觉得有点儿不忍心，可也没办法，只能硬听一声"四眼狗！"

"放屁！'独角兽'是麒麟，'四眼狗'是什么东西，你怎么乱对？！"寿先生大为生气。班里一片哄笑。有的人朝高大个做怪脸，而高大个一脸迷惑不解。樟寿极力屏住笑，拉拉高大个的衣襟让他坐下，轻声说："我和你开玩笑，随便那么一说，你怎么真的就用来对呢？你也不想一想。"

"我也真是，'四眼狗'。"高大个也感到很后悔。

"我对'二头蛇'。"

"四脚蛇。"

"八脚虫。"

"九头鸟。"

"三脚蟾。"

"……"

"都不好！"寿先生越听越恼火。

"老师，您看'比目鱼'行吗？"樟寿站起身来。

"对！对得好！"寿先生立刻转怒为喜，连连点头，"你说为什么对'比目鱼'呢？"

"这'独角兽'的'独'字不是数字,但是有'单'的意思;'比目鱼'的'比'字也不是数字,但有'双'的意思……"

"好,解释得好。"寿先生连声称赞,"你是怎么知道对'比目鱼'的呢?"

"我想起《尔雅》里边有记载。老师教过的。"

"好!好!"寿先生兴致勃勃,"同学们,我再给你们出个题目,这回看谁能对上来,樟寿坐下。听清楚了:'陷兽入井中'。"

寿先生看着下面的学生一个个抓耳挠腮,一时答不出来的样子,兴致又少了一半。等来等去,也没有一个人敢于主动站起来应对。

"樟寿,你来对!"寿先生只好点名了。

"放牛归林野。"

"嗯,对得很有意思。"寿先生不动声色地点点头,"为什么这样对?"

"先生不是教过我们《尚书》吗?我就是根据书中的'归马于华山之阳,放牛于桃林之野'对出来的。"樟寿从容地回答道。

寿先生听了,心里暗暗吃惊,心想:这真是一个会学能用、才华出众的孩子。

第十三章
爷爷回家举大孝

一转眼一年过去了，樟寿在三味书屋已经学习一年了。四五岁的小弟弟松寿也能自己跑着玩了。这一年的冬天，下雪比往年多，樟寿家里赶上办全族对祖先的祭祀，也上上下下忙得很。这一下孩子们可轻松了，大人不管，自己做主。

"大哥，你又去看'目连救母记'了吧？下次也带我去吧！"大弟弟櫆寿恳求道。

"行。"樟寿兴奋地比画着，"我不光看了戏，我还被招募了，充当了'义勇鬼'，骑着大马去招魂。驾，双腿一夹马肚子，弯着腰，站稳了，抓紧缰绳，哈！风驰电掣……"樟寿陶醉地向外冲去。

"哥哥，你去哪儿？"櫆寿急忙追出来。

"我去找木匠和尚给我的'大关刀'。"

"哥哥，小心跌倒了。"小弟弟松寿不知什么时候来到旁边。

片刻工夫，樟寿又抡着大木头刀风风火火地砍杀回来，口里唱着："贤弟呀……"

"大哥！"櫆寿也摆出一副唱戏的架势迎上前去。

"阿张!"母亲高兴地喊着,"闰水来了。"

"庆叔的儿子么?"樟寿立刻放下大关刀,樾寿赶忙接过去抡起来。

"他正在厨房里呢!"

"保护好我的刀!"说完,樟寿赶到母亲的前边,向厨房飞跑而去。

一推门,樟寿愣住了,眼前,这个身材高大、体格健壮的妇女很熟悉,很亲切。

"哥儿,记不得阿妈了?"

"阿妈!"樟寿一下子认出来了,扑了过去。这是从小喂养他的那个长妈妈。

"阿张,这就是闰水,比你大,你就叫闰水哥吧!"母亲推出一个男孩子,"他就是你庆叔和庆太娘的儿子。"

"阿妈,你和庆叔原来是一家子呀?"樟寿新奇地看着庆太娘。

"长高了,真是大小伙子了。"闰水妈爱抚地摸着樟寿的头,"太太,您真有福气啊,看!"

"还是阿水好,多壮实呀!"母亲高兴地摸着闰水的头。

"闰水哥!"樟寿端详着面前的少年:紫色的圆脸,头戴一顶小毡帽,脖子上一个明晃晃的银项圈。樟寿指着问:"戴这个干吗?"

"我爹怕我被鬼拖走,就在神佛前许了愿,用这个圈把我套住，就没事了。"

"你们出去玩吧！我跟长妈妈，哟，怎么又叫'长妈妈'了。"母亲笑着捂住了嘴。

"太太，叫惯了，不用改了。"闰水妈低声说道。

"还是改了好，免得弄混了。我跟庆太娘说会儿话，你们可不能打架啊！"

"哪会呀！"樟寿拉着闰水，去找弟弟们。

"你来是专门和我们玩的吗？"樟寿高兴地一边走一边问。

"我是帮爹来管祭器的。"

"闰水哥，庆叔说你可会捉鸟了，现在又有雪，你来捕鸟好不好？"

"好啊！"闰水说着，看了看地上的雪，"这雪不行，下大雪才好。在我们家的沙地上，下了大雪后，我就扫出一块空地来，用短棒支起一个大竹匾，撒下秕谷，看鸟雀来吃时，我远远地将系在棒上的绳子只一拉，那鸟雀就罩在竹匾下。什么都有：稻鸡、角鸡、鹁鸪、蓝背……"

"真的吗？"樟寿痴痴地听着，心想：快点下大雪吧！

"现在太冷，你要是夏天到我们家来，我们白天到海边去捡贝壳，红的绿的都有，'鬼见怕'也有，'观音手'也有。晚上我和爹管西瓜去，你也去。"

"管贼么？"

"不是。走路的人口渴了摘一个瓜吃，我们这里是不算偷的。要管的是獾猪、刺猬和猹。"

"獾猪和刺猬我知道，猹是什么？"

"猹是像小狗一样的小兽，别看长得个头儿小，很凶猛的。"

"它也吃瓜么？"

"当然。"闰水扶了扶头顶上的小毡帽，"月亮底下，你听，'啦啦'地响了，这就是猹在咬瓜了。你就抓起一把胡叉，轻轻地走过去……"

"它不咬人么？"

"有胡叉呢。走到跟前，看见猹了，你便猛地一刺。这畜生特别伶俐，倒向你奔来，反从你的胯下蹿出去了。它的皮毛像油一样的光滑……"

他们没有找到弟弟们，外面又冷，于是到庆叔的屋中聊天。聊了半天，庆叔也没回来，樟寿便带着闰水又去了祭祀祖先的神堂，去看看闰水将要看管的祭器。

第二天下了大雪，樟寿带着弟弟櫆寿、松寿，跟着闰水在园子里捉鸟，小半天竟也捉了二三十只。

"你家的鸟雀多，我们家却不多。"闰水一边捉着竹筛下的鸟一边说。

"你们家的鸟能吃海里的鱼吧？"樟寿一边盯着自己的大竹篮，一边问。

"一般不行。潮汛要来的时候，沙滩上面有好多跳跳鱼，这鱼水里会游，岸上会走，它们只是跳，都有青蛙似的两个脚……"

"哥哥,太娘娘这两天不坐太师椅了,我们搬来玩玩吧!"小弟弟松寿提起鸟笼。

"放下鸟笼!"樟寿喝道,"太师椅是太娘娘的,哪能去动?!"

"太娘娘不坐了。她天天躺在床上,饭也要宝姑端给她在床上吃!"

"你亲眼看见的吗?"

"是啊,我说'太娘娘,吃饭啊!'太娘娘不吃,她说:'阿宝,乖,你们吃吧!'"

"连饭都不吃了?太娘娘是不是生病了?"

"哥儿,阿水,你们快别玩了。"长妈急急地跑来,"快回去!"

"什么事?"

"先别问了,快回去吧!"长妈说着收拾起捕鸟的东西。

曾祖母去世了,这天正好是除夕,也是她八十寿辰的前一天。曾祖母是全族中年纪最大的长辈,她的去世,把原来过年的安排全打乱了。原来挂祖像的大堂改放她的遗体,原来挂红绸的大门上下,改挂了白布。庆叔一个人打杂跑腿忙不过来,又借了几个人来帮忙,由庆叔指挥,一切都有条不紊。电报打到北京,讣闻分送亲友,台门口贴出白纸榜文，写着曾祖母的性别、年龄和忌讳。

接到讣闻后，亲友、客人陆续来了。子京公公的母亲十二曾祖母也从杭州赶来了，十五曾叔祖也来了，他对周伯宜叹道："这样的老太太死不得啊！她活着，全家族都安安静静，她一死，我看家族里从此该多事了。"

"好在我爹就要回来了。"周伯宜安慰着十五曾叔祖。

"介孚侄脾气太好，未必真管得好，不过他是翰林，好歹就靠他了。"

闰水的任务仍然是看守陈设的祭器，只是地点由神堂改在了大书房。樟寿和弟弟们为了不妨碍家里的事，也都和闰水在一起，听他讲海边的故事，帮他一起看守祭器，偶尔三兄弟也跑到神堂、大厅看热闹，有时候还帮着母亲糊银锭。

"今天别乱跑，别把衣服弄脏了，爷爷今天可要回来了！"父亲严肃地盯着眼前的三个儿子。

"翰林公的船已经看到了。"庆叔在门口说道。

"快走！"父亲急忙起身，带着庆叔出去了。

樟寿带着两个弟弟静静地坐着，你看看我，我看看你，不知道该说什么。

"大哥，你两岁的时候，爷爷回来过，是吗？"櫆寿问。

"听说是，可我一点儿印象也没有。"

"爷爷长什么样?"松寿问,"爷爷寄来的杏脯、蜜枣真好吃……"

"说过了,不记得!"樟寿不耐烦地瞪了松寿一眼。

只听前面原来热闹的院子里,忽然安静下来。三兄弟跑到门口,却什么也看不见,也不敢出去,接着听见一片哭声。

"又在哭太娘娘了!"槲寿肯定地点点头。

"嘘!"樟寿把食指竖在嘴边,侧耳倾听。

哭声渐渐停下了,接着又是一片寂静。

又过了好长时间,只见长妈妈急急地走来。

"哥儿,快过来,去见爷爷。你们仨儿快来。去见了爷爷,先要作揖跪拜,不可忘了!"

樟寿带着弟弟们走进大厅,只见一位老先生端坐在太师椅上,父母叔伯都站在旁边,其中有一个年轻的太太和一个男孩是从没见过的,他们身后还放着六只红漆皮箱,箱子的角是用黄铜包着的……

"快拜见爷爷。"父亲在旁边轻声喊道。

"给爷爷请安。"樟寿和弟弟们逐个给爷爷磕头。

看着眼前三个精灵的孙子,爷爷高兴地站了起来。

樟寿抬眼一看,只见爷爷高大魁梧,比父亲更结实,脸型是长方形的,和书上说的"同"字脸一样,是做官的脸型。爷爷虽然微笑着,但仍然是一种既陌生又威严的感觉。

"这是你们的潘祖母、升叔!"祖父指着年轻的太太和半大的男孩,"说起来,凤升比樟寿还小一岁呢!可是得记辈分,不能出了规矩。"

樟寿又赶忙带着弟弟们给潘祖母和凤升叔作揖下跪,拜了三拜。

"小孩子们在一起要互相爱护,不要互相打架。如果闹起来,樟寿、櫆寿、松寿,凤仪你来管,凤升我来教训。"

"樟寿他们怎敢冒犯叔叔。"周伯宜看看儿子们,"记住了,要听话,不准冒犯凤升叔叔,他是长辈。"

祖父坐回太师椅,樟寿他们也站在一边,其他人又陆续进来拜见。

拜见完毕,祖父换上白麻衣,脖子挂上麻绳,潘祖母、升叔也穿上孝衣,连六个大箱子都盖上了白布。

祖父带着潘祖母和凤升叔到曾祖母灵前跪拜,拜完站起来,向四周一打量,生气地把周伯宜叫到跟前:"庆叔、长妈妈、宝姑、闰水,所有的用人为什么戴孝?他们不是丫头、家奴,不必为主人穿孝。"

周伯宜忙叫众人脱掉孝衣。樟寿见闰水脱得最快。

曾祖母去世后,樟寿一直在家守孝。他非常想念三味书屋的读书声、寿先生,还有顽皮的同学们,同时又读了《于越先贤像传赞》等一批杂书。

他常看见祖父在曾祖母的灵堂前,站着和人说话。

这天,他看见堂叔四七叔一手捏着一尺多长的烟管,一手拿了一个画着猫的瓷碗,脸色青白,棉袍肮脏破旧,嘴里还哼着小调:

"我有一把苗叶刀,能水战,能火战,也能夜战……"

"四七,是你吗?"祖父看见四七叔的样子,愣住了。

"是的。"四七叔一见祖父,也愣住了,"八叔,你回来了?!"

"唔!"祖父低沉地应了一声,"四七,你走过来!"

四七不得已向前跨了一步。

"四七,你看看自己,青白色的脸,发黑的眼圈,无精打采的眼睛,高耸的肩膀,枯瘦的手,还端着一碗酒,一个烟鬼又加上一个酒鬼,你怎么变成这副样子?"

"八叔,我……"

"四七!"不等四七叔回答,祖父已大声怒吼起来,"你这败家子!你这不肖子孙!"

四七叔吓得赶紧往外跑,碗里的酒也泼出来不少。

祖父站在那里,气得浑身发抖,直喘粗气。

接着寇五叔又抽着烟从外面进来了。他一进门就看见了祖父,连忙把烟头藏进袖筒里,假装什么事情也没有,走到祖父前:

"八叔,您好!我还有点事。"说完就想往别处溜。

"寇五啊,等等,不忙。"祖父早看穿了这个堂侄的把戏，语重心长地对他说，"现在有许多人瞒着骗着地吃烟……"眼看寇五叔袖子里的烟要烧到手指头了，祖父就转过头去假装吐痰。寇五叔趁这个机会，连忙把烟头丢到地下踩灭了。

"快忙你的事去吧！"祖父看着寇五叔的眼睛，催他走。

"八叔，我走了。"寇五叔快步逃走了。

"樟寿，"祖父看见了站在一边窥视的孙子，"快去你房里把功课拿来给爷爷看。要是做得不好，爷爷生起气来，要你好看。"说着跟了樟寿走去。

曾祖母死后的第一百天，要安葬了。

樟寿这时的心情，玩乐更多于哀伤。和清明上坟差不多，十几条三道龙门船全都扎了素彩，长长地排在河埠里。曾祖母睡的棺材外面，又蒙了一层木罩，四周围绕着白绸扎的花朵。东昌坊路口搭起高大的彩棚，到处高挂着白布挽起的大花、大帘。棺材前烧着银纸糊的银锭，为曾祖母送去买路钱。祖父手里拿着哭丧棒，亲朋好友跟在他的身后，和尚道士在旁边吹吹打打。出了大门口，走过东昌坊口，又走过几条街，绕回到门口的河埠，上船。孝子、家属、礼生、和尚、道士、客人，一路乘船，直到小南山祖坟。又是一番祭奠，礼生念了悼词，工人封住外面大石棺材，子孙又一次跪拜。这时樟寿感到，曾祖母真的离去了,再也见不到了,不由得痛哭失声。跪拜完毕,一切祭祀的礼仪都结束了,一家族人默默地乘船回城。

"樟寿,过来。"祖父叫过樟寿,"曾祖母已经去了,不要太难过,明天就去上学,千万不能荒废了学业。闰水要回家了,去告个别吧!"

"刚几天就走?"樟寿找到闰水,俩人一个哭着不让走,一个哭着不想走。没办法,一个要上学,一个要干活儿。

第二天,樟寿下学一回到家,就被祖父叫去检查功课。祖父对樟寿的学习情况非常关心,从此时常翻看他的作业。有时叫樟寿把功课解释给他听,对于讲错的地方加以纠正;有时又叫樟寿写一篇文章给他看看,他会很细心地为樟寿修改,而且还把修改的原因讲给樟寿听,这样还不够,他又按照题目亲自做一篇给樟寿看。

樟寿还非常喜欢跟着祖父去看戏,祖父会把戏台上出场的每一个人物的名字告诉他,回家以后,还要在书本上查出这段故事,拿来给他看。

日子久了,樟寿渐渐地也了解了祖父的一些烦恼:曾祖母死了,祖父不能再回北京做官了;父亲三年内不能参加科举考试,要在家守孝;家里四五十亩稻田,虽然吃饭不成问题,但也必须精打细算才行;家族里不学好的越来越多,不仅仅四七叔游手好闲、抽大烟、吃老酒,五十叔也很瘦,夏天光着上身,肋骨一根根地显露出来,好像腊鸭一样；子京公公变成财迷发了疯；衡廷叔整天坐在茶馆里，偶尔代人写几个状子挣点儿钱，回家来专爱说些鬼话吓唬女人……；一部分房子租给了棺材店；一个侄子将房子租给了外人，进进出出都是些陌生人；这些年来房子破败了好多，也没法修；还有同辈的子传夫妇都抽大烟……

一天，樟寿带着弟弟们出去玩，又看见祖父拿了一把八角铜锤，在大厅里追四七叔，嘴里还同时喊着：

"打死四七！打死四七！"

四七叔绕着廊柱逃跑，仗着年轻终于跑掉了。

兰爷爷正好也从旁边路过，看着逃走的四七，叹了口气："唉！周家的子孙也太不成器了，没有人能管，只能各人自扫门前雪罢了。"

这样到了夏天，母亲又生了一个小弟弟，全家都很高兴，祖父乐呵呵地给他起了个名字：椿寿。长妈抱着小毛头欢喜地说：

"让哥哥看看，又魁梧又白嫩……"

全家又有了几分喜气。

第十四章
兄弟避难皇甫庄

秋天静悄悄地到来，仿佛天一下子就凉了下来。下午的午睡取消了，放学可以早一点了。樟寿像往日一样，背着书包，直奔爷爷的书房。

"哥儿——"早已改为照顾松寿的长妈，忽然神秘地向他招手。

"什么事？"

"快回屋，收拾衣服去！"

"干吗？"

"先别问呢！到时候就知道了。"长妈急急地催促着，"快呀！"

"不说我不去！"

"马上收拾衣服，去你舅舅家住几天，船已经准备好了，櫆寿已经上船了，就等你了。"

"什么事啊？"樟寿迷惑地看着长妈，心想一定有事，赶忙往回跑。

"捉拿犯官周福清，捉拿犯官周福清……"

好像万里晴空，忽然响起一声霹雳，樟寿全身一震，一时竟呆在那里。长妈也呆在那里，看着樟寿。顷刻间，长妈醒悟过来,说:"哥儿,快走!不然就来不及了。"

"我去看看!"

"不行!"长妈上前拉住樟寿,"闹不好连你也抓走,快走!"

"我不走!"樟寿执拗地推开长妈的手。

长妈只好跟着樟寿来到楼上,从窗口悄悄地往下看。

只见两个衙门的差役从黄门走进廊厦,又从廊厦走进桂花明堂,站着四面张望,不住口地喊:

"捉拿犯官周福清……"

他们头上戴着红缨帽,手里各拿着一支长长的旱烟管,身上穿着皮袍子,腰间系一根很宽的腰带,大襟以下没有系扣子,一边的皮翻起一溜,露出雪白的羊毛。

"官爷请里面坐。"好像是祖母的声音。

樟寿见官差进去,于是趴到楼板上,从缝隙里向下张望,只见衙役坐在太师椅上,慢慢地吸着烟,过一会儿喊一声:"捉拿犯官周福清……"

过一会儿,看见庆叔抱着一包东西进来,交给祖母。

"还不走!"樟寿身边突然响起母亲低声的怒吼,接着耳朵一紧,被母亲揪着下了楼,拖到后门外的河埠头。母亲把一包衣服往船工手里一递,说:"赶快走!"将他推上乌篷船。

"这是哪儿啊?"樟寿下了船,拉着弟弟櫆寿的手,眼前是一片黑暗的房屋,一眼就看出来是一个大市镇,而且是一个从来没到过的陌生地方。

"悄声！莫说话。"船工低声喝住他们。

樟寿只好看看弟弟，默默地跟在后面，走进一个黑门大宅。

船工敲开门，和门里说了几句话，让樟寿兄弟进去，然后将一些包袱、物品递进门口，转身悄悄地走了。

樟寿在灯影里，认出了大舅鲁怡堂。

"大舅！"櫆寿也认出了鲁怡堂，率先哭着奔了过去。

"大舅！"樟寿也抑不住悲伤，流出了眼泪。

"孩子，别哭！别哭！没事的。"鲁怡堂也是难过地伸双臂抱住两兄弟。

"大舅，我爷爷到底怎么了？"樟寿迷惑地看着鲁怡堂。

"没事没事！在大舅这里住些日子，回去就没事了。"

"快让孩子们吃饭吧！"大舅母站在鲁怡堂身后提醒道。

"对对对！孩子们先吃饭，吃完饭好睡觉！"鲁怡堂也不管樟寿问什么，只是一个劲地说，"快吃快吃！多吃点儿，好好睡一觉再说。"

一觉睡醒，还是吃饭。樟寿怎么问，也问不出个答案，只好不再问。

白天不让出门，夜里自然也不能出大门。只能在院子里玩，听听街上的热闹声音，晚上看看天上的星星、月亮。舅舅家的书不多，只有《荡寇志》最吸引樟寿。樟寿看着那形象生动的画像，被那明快的线条深深地吸引住了。画像旁边那精致工巧的字体，篆、隶、真、草、行，无不成为樟寿摹写的对象。他想起小时候在矮墙上画过的尖嘴鸡爪的雷公，又想起在小册子上画过的漫画"射死八斤"，真觉得太幼稚了。看看《荡寇志》上的画像，这才是真正好看。他天天趴着描摹，连弟弟櫆寿都有点受不了，总是催他："画完了吧，先别画了，玩一会儿吧！"

樟寿好像总是听不见，嘴里有时唠叨一句：

"九纹龙没有武松宽大！"

"你听，外面有人说我们家的事呢！"

"真的吗？"樟寿不经意地画着，应了一声，接着好像一下子醒悟了，"什么？爷爷的事？"

兄弟二人立刻趴到窗户边上。

"周翰林自首了，这下没事了。"

"周翰林也真是傻，科场行贿，哪有当面说的？送信的家人真是个大傻瓜！"

"不过也是他倒霉，那么多人考场舞弊行贿，都没有事情。"

"就是嘛，那雇人代考的，童生考秀才，三四百两；秀才考举人，也不过一二千两。"

"这次周翰林封一万两啊！"

"听说为五个人说情，其中还有他儿子。"

"咳！考官不管到哪儿，亲朋好友送信，里面夹银票的事，也是司空见惯了的。他呀，一定是得罪什么人了！"

"你这一说呀，真有这么个人。周翰林有个堂姐夫，曾在他家百草园住过。那里房屋宽敞，环境幽静，他姐夫呀，住着就不想回去了。别人都不管这闲事，只他去挖苦人家，说什么'躲在布裙下，是没有出息的'。他姐夫知道了以后，立即告辞，说是'如果不出山，就不上周家的门'。后来果然中了进士，但也没去做官，而是做了师爷，现在就在办理此案的苏州知府那里。"

"毕竟是亲戚，哪会呢！一定是俞大人。周翰林在江西省金溪当知县的时候，俞大人向他求过亲，想娶大姑娘做媳妇，结果碰了一鼻子灰。周翰林还骂他'癞蛤蟆想吃天鹅肉'，那俞大人能不怀恨在心，现在经手此案，能不乘机报复？"

"你说得不对，俞大人很正气的，一定是……"

"听说，案子一出来，周翰林消息还真快，一下子就跑掉了，连他儿子周伯宜和孙子也一下都找不见了，官府天天派人去他家……"

"轻声点儿，你不知道他孙子就藏在我们家？"

"是呀，差点忘了。不过现在没事了，爷爷自首了，孙子还能有什么事，总不会满门抄斩了吧？！"

"现在想想没什么了不起，当时全都吓坏了。"

"周樟寿，周樟寿，在哪儿呢？"几个小孩的声音传进屋来，樟寿一惊。

"你们找鲁家外甥干什么？大吵大闹的。"用人大声呵斥着。

"我们刚听说樟哥儿在这里，所以来找他玩！"

"我在这里。"樟寿听着声音耳熟，急忙推开了屋门。

"樟哥儿，你终于来了！"两个小孩扑上来，另外两个小孩跟在后边站着。

"阿龙，友泉，你们怎么也在这里？"樟寿欣喜地拉住他们的胳膊。

"我们都住在这个庄子，你忘了，跟你说过的。"阿龙急急地说。

"在安桥头我大舅家，我们去看社戏，我说我们庄的戏更大更好看，你还不信呢，现在到我们庄了，不信你看看去。"

"我们晚上也去偷罗汉豆！"

"咱们现在出去玩去吧！"阿龙、友泉一齐来拉樟寿。

"不行！我得跟大舅说一声，他答应了才行！"

"现在没事了，你可以出去玩了。"用人高兴地告诉樟寿。

樟寿心想，好多天没见到大舅了，要出门最好先告诉大舅一声，免得惹他生气。

樟寿走进大舅的房间，屋里空空的，床帐在大白天也是垂放着，仔细再看，床帐里好像侧卧着一个人，接着看见一闪一闪的,原来是烟灯发出的火光。樟寿见大舅没睡,忙上前躬身作揖施了一个礼,说道:"大舅!我想出去玩一会儿。"

"好呀,不过要当心,别出事,出了事我可没法向你母亲交代。"说着灯火又闪了一闪。

樟寿一听,立刻转身跑出屋门、院子,和阿龙、友泉、弟弟,还有两个新伙伴一起,飞快奔向院外的村庄、农田、河汊、菜地、果园、湖边……

"我们玩'破洋山'!"樟寿喊道。

"我和友泉、樟哥一方。"阿龙立刻跑到二人身边。

"不干,你们三个都是差不多大,櫆寿太小,我们吃亏。"两个新朋友异口同声地反对。

"我跟哥哥一方。"櫆寿也喊道。

"先这么分吧,你们先守,我们先攻,先试试!如果不成再重新分。"友泉一挥手。

樟寿发动阿龙、友泉奋力往一个大坟堆顶上冲,冲上去后拉住对方一人便用力往下拉,对方也很用力,不过是往上拉。拉了好长时间,山下的人终于把山上的人拉下来了。

"我们再玩会儿'弹地毛'吧!"樟寿一边喘着,一边手里还紧紧地抓着被拉下来的新朋友。众人喘作一团,笑在一起,指手画脚,互相争论着谁用力太重,谁耍赖。

"什么是'弹地毛'啊?"樾寿兴冲冲地问。

"割草,割草,一会儿你就知道了。"

很快,一堆干草、干树叶、干树枝和着湿草堆成了一个大堆。阿龙用火石擦出火星,先将干草点燃,然后将整个草堆点燃。熊熊的大火燃烧起来,那高高的火苗已经超过了周围最高的大坟。樟寿带头,其他人跟着站成一排,然后拍着手,围着火堆,有节奏地蹦跳起来,嘴里还随着蹦跳的节拍呼喊着……

第二天一早,阿龙又来找樟寿了。

"我们今天去东边的贺家池划船、摘菱角,好不好?"阿龙一进门便问。

"好呀!远吗?"樟寿一听,赶忙穿衣服。

"远倒不远,不过最好我们绕着点儿走,因为陈家的狗很凶,它见了我们又追又咬。我们都挺害怕它的,它已经咬伤过十几个人了。"

"狗还能把人吓住,真新鲜!"樟寿轻蔑地看了一眼阿龙。

"是真的,这只狗和别的狗不同,特别凶。"友泉急忙撩起裤腿,指着小腿肚上一块伤疤证明,"我就被它咬过。"

"那我真想看看。"

"你当然不怕,那狗看见你这样的富人是不咬的。"

"这就更奇怪了,它能分出人的贫富?"

"能！它就是能！"

阿龙、友泉几个人，硬是拉着樟寿走了一条绕远的路，来到一望无际的贺家池。

"水气还没散，不过看得见。"友泉用胳膊在脸前抡着，仿佛要把水气扫开。

"樟哥，那片模模糊糊的房子，就是包殿。"顺阿龙手指看去，贺家池畔，绿荫丛中露出一片粉白的围墙，高耸的房檐飞向万里天空。再看湖面，已经是渔帆点点，芦苇摇曳。

"在大舅家看完社戏回来，6月16日，在包殿前面的火烧场又演了一场社戏，这规模可大多了，演的是《目连救母记》。"阿龙连说带比画的。

"船来了，先上船再说。"友泉催促着。

"我也看过，我可喜欢了！"樟寿喜不自胜，"我特别喜欢无常。"

"我也喜欢无常，他只要一出场，坏人都被抓走、杀掉。"阿龙用手一砍。

"我还会唱呢！"樟寿说着上了船。

"我也会唱，你听：……"几个孩子你一句我一句一齐唱了起来，歌声随风飘散在湖面，与荡漾的波纹、跳动的浪花，一齐传向远方。

  如今是决不宽贷了呵！

哪怕你拜相封侯,
哪怕你皇亲国戚,
哪怕……
我就一索吊了就是!
……
还有一只吃素念佛狗,
其实是只黑心狗。
狗屎香,来烧透,
求菩萨,多保佑。
保佑狗子成了亲,
狗孙满堂走,
大狗出角变麒麟,
小狗……

采菱角回来,樟寿终于见到了陈家狗的恶相,心里也觉害怕。

晚上去隔壁范先生家,学了几首民歌,暂时倒把这狗忘了。

月儿弯弯挂在树梢,星星眨眼缀满天穹,孩子们的歌声又飞翔在皇甫庄上空。

车,车,车,车到外婆家,
外婆留吃茶,舅母懒烧茶。

水,水,
水缸底里结莲花。
……
耘田也有耘田歌,
两臂弯弯泥里拖;
……
脚踏水车口唱歌,
唱到城里看灯火;
……
蚕茧馃,两头圆,
种田阿哥哎腰眼醒;
……
大当店来小当店,
穷人当票当枕垫;
……
今年收谷粒粒黄,
做官的吃米我吃糠。
耕牛入冬无草料,
官仓里老鼠有余粮。
……

唱着唱着,唱了十几天歌,唱得樟寿怎么也忘不了那只凶恶的陈家狗。每天都要躲着走,天天绕出好几里地,真是受不了。为什么它就那么横行霸道？樟寿越想越气。真是看在眼里，恨在心头。

"我有一个主意，"樟寿目光坚定地看着阿龙和友泉，"我们当一回'水浒好汉'，为民除暴，让那只恶狗落个可耻的下场——打死它。"

"不行，陈财主凶得很。"

"我们别当他的面打，把狗搞到一个没人的地方，神不知，鬼不觉。"

"好，试试看，想起这只狗，我是又怕又恨，要能悄悄结果了它，就出气了。"

"那好，我们这样办。阿龙你去把狗引出来，……"樟寿悄悄地布置着。

那只狗瞪着一双凶狠的眼睛，吐着舌头，低着头，快几步，慢几步，朝着阿龙跑过来，一个冲刺，见阿龙跑远，便停下来，蹲坐在地上示威。见阿龙挑衅地拿石头投打过来，它就凶狠地猛追一下。见阿龙又跑了，它就停下脚步，原地徘徊几圈。见阿龙并不逃走，又走过来企图用石头打它，它就一龇牙，藐视地看着这个弱小的穷人家孩子。见阿龙不但不害怕，反而更加有意来挑逗它，它就忍不住又疯狂追咬一阵。看见把阿龙追得满街跑，它得意地狂叫两声，又追下去。见到两边越来越僻静，它心里高兴得乐开了花，今天可以狠咬一顿，不怕有人来救你，想着加快了脚步。突然之间，它觉得不好了，棍棒铺天盖地而来，想跳还没跳起来，腰上已挨了一横棍。它看清了，这是那个它一向尊敬的城里有钱的小孩，旁边都是邻居家的穷小子。它向他们扑咬，还没张开嘴呢，眼前一黑，头上挨了重重的一闷棍，它知道这是刚才那个逃跑的穷小子。它愤怒地挣扎，突然之间，它知道今天大难临头了，它想起他们平时对它的惧怕神色，也想起了刚才一眼看见的愤恨神色，它不由得发出一声长长的惨叫。

"好了，打死了！"樟寿扔下木棍，兴奋地挥起双手。

"打死了！"孩子们欢呼起来。

"不要走！"陈财主忽然出现了，他气急败坏地紧赶过来，一见地上躺着他的心爱的狗，忙弯下身去，抱起狗头，摸了又摸，气得眼泪在眼眶里滚。他猛地扔下狗，站起来扑向孩子，一把一个地抓住了阿龙和友泉，疯狂地喊道："你们赔我狗！"

几个路过的农民，听见声音向这里走来，一看这场面，都惊得呆住了。

"要死了！打死陈家的狗。"

"孩子不懂事，赔一只狗就算了。"

"……"

陈财主一见众人替孩子求情，更凶了。

"光赔狗还不行，还要像埋葬他娘老子一样，给我的狗送葬！"

众人一听，都吓得不知说什么好，有几个心中不服，但不知道该怎么说。

"岂有此理！"樟寿气昂昂地一步站到陈财主面前，"你家这只恶狗，不知咬伤过多少人，你要我们赔狗，那你先得给我们赔人！"

"你——"陈财主张口结舌，说不出话来。

"鲁家外甥说得有理……"众人顿时醒悟过来。

"要赔狗你先得给我们赔人……"阿龙、友泉气昂昂地甩掉陈财主的手。

陈财主见众人的怒火都向自己烧过来，吓得忙转身，灰溜溜地走了。没走出几步，他又回过头来气哼哼地说道："看众乡邻的面子，送葬就算了，狗还是要赔的！"说着加快了脚步。

"陈家以后要多养几只狗才行了！"一个农民嘲笑地看着陈财主的背影。

"那我们就多招集几个人，再来一个大围歼！"樟寿一挥手，孩子们欢呼一声，拥着他，向贺家池的湖边跑去。他们今天要挖泥船。

"你猜狗厉害还是狼厉害？"阿龙又想起了打狗的情景。

"当然是狼厉害，狗起码不吃人，狼可是吃人的！"樟寿说。

"我知道，我知道！"友泉抢先说道，"我大姑母家就住在富盛山的乌石。有个管坟的妇女，平时干活没时间照看孩子。她的孩子叫阿毛。有一天,她叫阿毛在前门剥豆,她在屋后劈柴,劈完柴又到河里淘米,等把米下了锅,又要蒸豆,她叫'阿毛!'没人答应,她再叫,还是不答应。她走到前门一看,小板凳和小篮筐都倒了,豆洒了一地,阿毛连影子都没有。这下她急了,她求邻居帮她找,邻居一看,都说可能被狼叼走了。她更急了,急忙往山里跑,在山坳里转,头发吹乱了,衣衫挂破了,最后在灌木丛里找到了阿毛。"友泉长长地叹了口气,"阿毛的脸、胸和肚子里的五脏六腑,全被狼吃光了。从此,这个妇女就疯了。她见人就说阿毛还活着,她命真苦,最后把眼睛都哭瞎了。"

"后来呢?"阿龙问。

"今年春节,她躺在雪地里,死了!"友泉把后两个字说得很重。

樟寿听着故事,心里很沉重,打狗的高兴劲一下子过去了。忽然他想起阿龙说过的一句话,问道:"你上回说太平军就是长毛,可好了!怎么个好法?"

"太平军一来呀,杀富济贫,都是梁山好汉、水浒英雄。他们一来,种田不用交租,打鱼不用进'鱼行'卖鱼。听爷爷说,他们有个水师,就在这湖上和朝廷、和洋鬼子开仗,打得可好看了。可惜最后打败了,逃了一些,大多死了,就埋在火烧场。"阿龙顺手一指。

樟寿抬眼望去,看见包殿前边有一片空地,空地后面是一片村庄。樟寿站在湖心的船上，向四面远眺，发现皇甫庄是这一带最大的村庄，这时他已知道，皇甫庄住着五百多户人家，村子里有一条河流弯曲流过，好像环绕的粗绳团。流水潺潺，鸟鸣喳喳，真是一个半农半渔的美丽的水乡。

不知为什么，大舅要把家搬到小皋埠去，而且还是在春节前。樟寿原打算和阿龙、友泉他们一起玩个痛快，这下泡汤了。最后，小伙伴们驾了条小船，把樟寿送出去好几里，这才依依惜别。

到了小皋埠，樟寿才知道，迎接他们的是大舅的妻弟——友舅舅。这个舅舅，似乎在哪儿见过，但记不清了。进了大门，樟寿只记得门口有一个巨大的"当"字，莫非友舅舅家开过当铺？他还发现，旁边胡家的人，对他们秦家的人似乎很不友好。他很快又发现了屋后有一个名叫"娱萱小圃"的花园，里面生长着无数的奇花异草。不久，他又看见，友舅舅和好多朋友经常饮酒唱歌，好像是办了一个诗社。有一天，他发现，和蔼多才能画梅花的友舅舅，上午总是躺在床上抽鸦片烟，只有下午才和他聊天，给他画梅花。终于，樟寿得到了他最满意的发现。他发现，凡是流行的小说，友舅舅都有。在楼上那间小房里，书架上、地板上，到处堆积着蒙上一层厚厚灰尘的杂书。他看呀看呀，终于有一天，他看到了那本带有精美插图的《红楼梦》，他爱不释手地看了两三遍，如获至宝。

日子久了，樟寿和村里的孩子又玩熟了。他们一起放风筝、捉迷藏、钓虾、赶牛。举办迎神赛会的日子里，他们白天一起坐龙船，晚上一起看社戏，毫无顾忌地玩闹。这天散了戏，各船争相离开。

"那两个，就是鲁家的小乞食者。"

樟寿寻声看去，邻船上胡家的几个人都说笑着，投来鄙视的目光。

"秦家净藏一些犯官的逃属。"胡家人依旧说着。

"以前，他们到乡下来多威风呀，现在哪儿去了，缩头缩脑的。"

"哈哈哈哈……"笑声随着船桨声远去。

樟寿呆呆地听着，身上像有千万根针在扎，在刺。

櫆寿坐在一边，想着戏里无常的样子，还在傻呵呵地笑着。

第十五章
家道败落要发愤

一年过去了，樟寿和弟弟终于回到了城里的家。

一进家门，樟寿就感觉到家里有了明显的变化，热闹的大院里只剩下一片宁静。爷爷被关进杭州的大牢；潘祖母和升叔去陪他；父亲天天阴沉着脸；母亲总是默默地劳作；祖母也不像从前多说话，只是捏着根旱烟竿，长时间地抽旱烟；樟寿自己照旧去三味书屋上学；不久，弟弟櫆寿也去了杭州；只有松寿依旧是傻傻地玩，椿寿依旧是甜甜地笑。

家里经常进出一些跑远路的人，原来是当掉家产，换成银子，派这些人去京里、省里送礼，为爷爷的官司求情。

忽然一天，东关的小姑父派船来，把祖母接走了。不久，又把父亲接去了。看着大人们紧张忧虑的神色，樟寿知道，一定发生了什么不寻常的事情。

果然没过几天，祖母和父亲同船回来了。

"康官这次生了个儿子，婆家人都欢欢喜喜的，却不料产后发起烧来。"祖母流着泪，向母亲讲着，"八月初的天气，碰到'秋老虎'，比夏天还闷热。产房里门窗紧关，好人进去也受不了。她烧得脸通红，直讲胡话，'红蝙蝠飞来了，来接我了！'……"祖母哭得说不出话来，母亲和长妈也陪着流泪，樟寿神色黯然地听着，弟弟们也安静下来。

"刚生下来的小毛头，一个胖胖的男孩，也没有留下来，和他的娘一起去了……"祖母哭得更伤心了，不离手的旱烟竿扔在了一边。

"红蝙蝠是从天上飞来的，想是神来接去了吧！"长妈流着泪说道。

"我的亲女儿呀！"祖母接着哭，"是伯宜给康官穿了衣服，送她入了殓。……"

樟寿实在听不下去了，飞跑回自己的屋子，奋笔疾书，写下一篇祭文，然后飞跑到百草园，在一片花丛前，焚烧了这张滴着泪的祭文。他大声地问苍天："说，这红蝙蝠到底是神的使者，还是魔鬼的化身？为什么不使好人长寿？……"

"樟官，老爷叫你去！"庆叔急急忙忙来找樟寿。

"什么事？"

"可能是小姑母的事情。"

樟寿随庆叔来到大书房，见父亲阴沉的脸上又挂了一层乌云。

"跟我去长庆寺！"父亲说完，看也不看樟寿，转身出门，樟寿只好乖乖地跟着。

"啊呀！周相公，长庚，什么风把你给吹来了，大老爷可安康？"隆师傅一见，欣喜地放下鼓槌，冲那些练习乐曲的和尚一挥手，"今天就练到这里，回去吧！"

"都好都好！"周伯宜作揖施礼。

"给师父请安！"樟寿跪下磕头。

"我来是为康官的事。"周伯宜说道。

"相公务请老夫人节哀！"隆师傅双手合十，念了声"阿弥陀佛"。

"母亲的意思，是烦师傅给做七天水陆道场。"

"理当尽力，不必客气，我们喝两斤！"说着，隆师傅就把父亲往后让。他们谈了一会儿天，喝了两杯茶，不一会儿傅荣、傅忠端着酒和菜进来。当着师傅和父亲，樟寿不敢和他们说笑，只能忍着。看桌上，荤菜似乎比素菜还多。

"这是火腿炖乌龟，很补的。"隆师傅讲解着。

"阿张，"父亲叫樟寿，"你回去跟娘说，我今晚不回去吃晚饭。"

"师兄，"樟寿跑到傅忠身边，悄声问，"听说师兄也娶妻了，难道和尚都是有老婆的吗？"说完，笑嘻嘻地跑了。

"废话，不然小和尚从哪里来？"傅忠在后面啐了他一口。

小姑父家看来很有钱,七天的水陆道场非常热闹,樟寿挤在人群里看了个够。他又重新看了一遍大殿里的神像,有十八尊罗汉、财神菩萨、伽蓝菩萨、千手观音。他今天又有了新发现,观音每只手里都有一个东西,其中一个叫"骷髅",他回到家,首先把这个神秘的发现告诉了弟弟松寿。

"骷髅就是死人的头骨,眼睛是两个大黑洞,鼻子是两个小黑洞,两排牙齿白森森……"

"别说了!"松寿吓得逃了出去。

樟寿心想,也应该跟父亲说说去。走到父亲的房里,看见父亲正躺在小床上抽鸦片烟,不由心里一惊,怪不得人家说,父亲自从祖父进了监牢以后,跟着子传公公学起了抽大烟。樟寿十分扫兴地走出房门,看见南街耶稣教堂的美国修女,手里拿着一把阳伞和一本福音书,看上去五十岁的样子,说着一口道地的绍兴话,走进祖母的房间。

"我来看看周太太。"

"你是谁啊?"

"我是主派来的,拯救世人的灵魂。我是耶稣教堂的,我叫玛丽娅。"

"马立牙?"

"是的。耶稣基督是最仁慈的,他是我们万能的主。"

"就是老天爷吧?"

"是的,凡相信他的人,灵魂都可以得到拯救,升入天堂，不然就要下地狱。"

"一定是十八层地狱。"

"是的。周太太可以礼拜天到教堂来做礼拜，来世……"修女眼露兴奋的光芒。

"我这一世还顾不周全呢，哪有工夫去管来世呢！"祖母打断了修女的话。

"周太太最好再想想，主是仁慈的。"修女没再说什么，起身告辞了。

"我谁也不拜，我只拜天。"祖母唠叨着，也没送修女。

樟寿经过一段时间观察，发现祖母果然是，既不去寺院佛殿，也不去香市教堂，只是偶尔在桂花明堂，点起一对蜡烛、三支线香，跪在大方凳上，向天膜拜，脸上充满了虔诚、悲痛和寂寞。

樟寿到了三味书屋，照样不耽误玩耍。纸盔甲剪糊得更精致了，各种兵器还用竹丝做了柄。他们把盔戴在大拇指上，握起拳头，把甲披在拳头上，食指和中指之间夹着兵器，好一番"恶斗"。

"是谁把蟑螂放在我的抽屉里，把盔甲都咬坏了！"

"我这里也有，是谁干的？"

互相嚷嚷了一顿，也没有结果。

"樟寿这盒子不错，又光亮又牢固，蟑螂咬不破的，原本是装洋纸团的。"

"我明天也带一个来。"

"我们玩'斗马'吧!"

"好,摆好桌子,摆好'马'!"

两个同学在桌子两边坐下,正对着放好两匹纸马,然后把嘴趴在桌面上,各自从马屁股后面用力一吹。两匹纸马迎面撞去,一匹后退、撞倒。

"你输了,来一下。"赢的同学伸中指在对方脑门上狠狠地弹了一下。

"我也来玩,谁输了,谁是小日本鬼子。"高大个冲进来,推走输的同学。

"什么日本鬼子?"

"你们都不知道?"

"朝廷和日本开战了,日本鬼子可坏了,开枪开炮打我们。"

"就是倭寇吧?"樟寿插进来问了一句。

"没错,就是戚继光打过的倭寇,小日本!"高大个气狠狠地说。

"我不跟你玩,我不当倭寇!"

"不玩不行,我今天非打倭寇不行!"高大个一把抓住刚才取胜的同学。

"老师来了!"

一声喊,一片桌椅板凳响,接下来是一片安静。

与往日不同,没有听见咳嗽一声,门就开了,进来的是寿先生的儿子小寿先生。

"我今天来代课,不背书,也不上新课,我们一起来做个游戏。"

"小寿先生,做什么游戏,是捉迷藏、玩纸糊盔甲,还是斗马?"课堂顿时欢腾起来。

"都不是。是猜字默词。"课堂一下子沉寂下去。

"河水洋洋,北流活活(guō guō)……"小寿先生抑扬顿挫地念起诗来。

学生一听都傻了眼。《诗经》本来就难读,而小寿先生念了七句诗,难字、难词又特别多,好多人连听都听不懂,更不用说默写了。

"樟寿,你把这七句诗默写出来。"小寿先生有意要考考这个父亲最喜欢的学生。

其他学生一听,如释重负,同时又不禁为樟寿捏一把汗。

只见樟寿神态自若,不慌不忙地提起"十里红"毛笔,很快就默写出来。

"小寿先生,我默好了。"樟寿站起来,把写好的纸递了过去。

小寿先生接过一看,不但一字不错,而且字迹工整、秀丽。

"你为什么记得住呢?"小寿先生有意让樟寿说给同

学听。

樟寿含笑不答,从书中拿出一张精美的书签,书签两边贴着红色的花纹,中间写着十个工整的小字:读书三到——心到、眼到、口到。

"读书光靠死记硬背,不求理解,是记不住、背不出的,一定要心里想到,眼睛看到,嘴里念到,做到心、眼、口并用,这样才能理解、记住、背出、默写下来。"

听着樟寿讲话,同学们都投过来敬佩的目光。

放学回家,忽然听说堂哥兰星有本《花镜》要卖,樟寿急忙拿出所有的压岁钱跑去,最后花了二百文,买下了这本还很新的书。

晚上,为了节省灯油,樟寿来到母亲的房中看书。他先把四仙桌擦了又擦,再把手洗干净,然后把书平摆在桌面。翻书的时候,捏着书边中间的一块黑边,轻轻地翻过去。松寿弟弟也凑过来,趴在桌子上跟着看。看见书上的画非常好看,松寿伸手就去摸。

"别动!"樟寿急忙抓住弟弟的手,放回去,"书只许看,不能用手去摸,否则会把书弄脏的。我翻慢一点儿,你多看一眼!"

"嗯!哥,这是什么呀?"

"这叫'山踯躅',又叫映山红,以羊粪做肥料,要想移植到咱们家的百草园里,必须用原来山上的土来养,映山红才能成活、开花。"

"映山红，映山红。"松寿嘴里念叨着，突然拍手跳起来，"今天庆叔去山里看祖坟，采了一把映山红，都插在百草园里了。"

"真的?"樟寿高兴地轻轻拍了下桌子，"明天早晨看看去。"

第二天清早，樟寿独自来到百草园，看见庆叔房门口的地脚边，果然长着十几棵映山红。庆叔不知去了哪里，门半开着，露出里面堆放的竹器。

樟寿蹲下身，拍拍地上的土，找了点水，浇了一点。

"哥儿来了，"庆叔扛着几根大毛竹走来，"这些花是给你挖来的。"

"谢谢庆叔。"樟寿抬起头来，"养花的土是山里带来的吗?"

"有几棵是。"

"书上说，必须用本山的土才行，咱们家的土养不活的。"

"我看未必，过几天再看看吧！"

过了几天，果然如庆叔所料，这些映山红不但没有死的，而且非常茁壮。于是樟寿在《花镜》中画着映山红的旁边写道："按：花性喜燥、不宜多浇，即不以本山土栽亦活。"

晚上，樟寿带着弟弟看书，母亲催促着他们。

"太晚了,明天还要上课,睡觉去。"

"不晚呀,"樟寿奇怪地看着母亲,"还不到睡觉的时候呢!"

"我说晚了就晚了,"母亲不容分辩地移走油灯,"长妈妈,快带阿松、阿椿睡觉去。阿樟我跟你说几句话。"看着弟弟们走去,母亲接着说道:"你爹今晚没喝酒,饭也吃得很少,他白天吐血了。"

"什么?爹爹到底怎么了?"

"还不知道,你是长子,十四岁了,也不算小孩子了,要懂事,听娘的话。"母亲看着油灯的火苗,出了一下神,继续说,"今天听说,和日本打仗我们打败了,说什么左宝贵在朝鲜国的平壤战死了,黄海大战,北洋海军惨败。你爹差点没气死,半天说不出一句话,结果气得吐了血。晚饭前你爹跟我说,我们有四个儿子,将来可以派一个到西洋,一个往东洋,去求学问。看来阿櫆和阿松是考不上进士的,只能出洋了;只有你有希望中进士,点翰林,莫辜负了你爷爷和爹爹。娘娘自从康官死了,什么事也做不了,你爹这一病,有些事也得用你帮把手,唉……"母亲发出一声长叹。

"娘,我懂,为了治好爹爹的病,我干什么都行。"

第二天放学,樟寿赶早跑回家,奔向父亲的病房。

"悄声点儿,"母亲告诉他说,"现在请了城里的名医正在诊脉。"

樟寿向父亲看去,父亲除了脸色白一点,精神还很好,坐在椅子上,伸着胳膊,任凭医生摸摸按按、听听看看。

"不碍事,"医生终于说话了,"只是一点儿水肿,吃一两服药就好了。"说着开出一张药方,递给母亲,"一日三服,药到病除。我后日再来,诊费照旧,一元四毛。"说着站起身来往外走。他看并没有人要站起来送他,很觉意外,瞪大了眼睛。

"请留步!阿张,快送送医生。"母亲突然想起,不可失礼。樟寿赶忙起身送医生。

走到门外,樟寿悄悄问医生:"我爹爹病几时能好?"

医生看了看樟寿,故作迟疑,慢慢说道:"若不是我来得及时,怕真有问题呢!昨天喝下去那么多墨汁,有什么用,不治根本。要除病根,还要用我这药,多则半月,少则十天,保你哥儿欢天喜地的。"

"谢谢医生。"樟寿由衷地感谢医生,恭敬地将他送出大门。

"哥儿,有你喜欢的事了。"长妈叫着追出来,拉起樟寿往百草园跑,"药引子里有蟋蟀一对,你捉起来正拿手。记住,要一个窝里的一对,就是原配的。"

"有这种新鲜事?"樟寿被这新鲜事刺激得要蹦起来,可一到百草园,他就傻眼了,大冬天的,哪里找那活蹦乱跳的蟋蟀去呀？

父亲只好喝了两天没有原配蟋蟀做药引的药。

隔天医生来了，一看，气得直瞪眼，说："没有药引怎么行，你们没听说过吗？先前有一个病人，百药无效，后来遇见了叶天士先生，他只在旧药方上加了一个药引子：梧桐叶。只一服，一下子就好了。'医者，意也。'那时候是秋天，而梧桐先知道秋的气息。其先百药不投，今以秋气动之，以气感气，所以……"

"可是现在天冷，捉不到蟋蟀，更不要说原配的了。"樟寿不知道医生在说些什么，只知道他在责怪没用蟋蟀做药引，仿佛自己犯了一个天大的错误，只好打断他的话，解释一下。

"什么？捉不到，难道活的没有，死的也买不到吗？城里那么多药铺……"

"不怪他们，是我叫不用找了。"父亲也来打断医生的话，轻咳了一声。

"好吧好吧，换个药引。"说着，医生重新开了一张药方，药引换成了芦根。

芦根要到河边去挖。樟寿买完药，只好约了河工去挖芦根。

没过几天，药引又换成了经霜三年的甘蔗。樟寿又一通乱忙，跑遍了大街小巷，终于买到了，据说是经过三年霜的，差点儿就烂在了地里。

药引越换越怪，使樟寿大开眼界，什么多年埋在地下化为清水的腌菜卤水，什么屋瓦上经过三年霜雪的萝卜菜，然而这种种奇特的药引，都不能使爹爹的病情见好。

这一天，药引子又换成了三年以上的陈仓米。樟寿看着名医那圆而胖的脸，从心里发出疑问："管用不管用啊？"他强打精神出去寻找。他从最远处的药店开始问起，结果药店里没有；他问门口开豆腐店的五妈妈，她也不知道哪里有；他问街口卖水果的莲生，莲生也没听说哪里有；他问对门咸亨酒店的小伙计，小伙计就更不知道了；他又去问卖纸张毛笔的"老胡子"周梅卿，还是不知道。从下午直到晚上，樟寿什么收获也没有。

第二天清早，街上一个行人都没有，樟寿已经来到了街口的麻花摊。他看着刚做好的麻花、油条和烧饼，却一点儿兴趣也没有，他问做麻花的范老大，结果什么消息也没有；他去河边问专门给人家撑小船的"六十头脑"，结果又是摇头摆手；他去谢德兴酒店问伙计，远远看见寿先生挎着个菜篮子，走进了酒店，他紧走几步上前，只见寿先生一进去，伙计就说："二老爷，里面坐！"寿先生于是摸出九个铜板，排在柜台上。伙计马上给他烫好半斤酒放在桌上，又取过一碟茴香豆，摆在旁边。寿先生便坐下来，有滋有味地喝起来。看着眼前的情景，樟寿张大了嘴巴，他怎么也想不到寿先生会喝酒，更想不到，寿先生会到这种小酒店里喝酒。他看寿先生一时喝不完，自己也不敢上前打扰，只好先回家吃早饭。

早饭后，他顺路去谢德兴酒店问陈仓米，结果没有。不过小伙计告诉他，寿先生经常在早上买菜后和中午放学后，来这里喝半斤酒，吃一碟茴香豆就酒。

樟寿被寿先生的秘密陶醉了，忘记了时间多聊了一会儿。他又顺路去了几个亲戚家，感到个别人对他爱理不理，甚至翻起白眼来，这可是以前没有过的。他愤愤地想，我还没要饭呢，人怎么变得那么快啊！正想着，忽然记起还要上课，赶忙跑向三味书屋。

"樟寿，今天为什么迟到？"寿先生沉着脸厉声问道。见他毕恭毕敬地站着，低着头，红着脸，一声不吭，寿先生心想，这孩子一向很守纪律，从来没迟到过，也许有特殊原因吧，于是没再追问，放缓了口气，轻声说道："先回座位去吧。"

樟寿默默地坐到自己的书桌旁，后悔自己时间观念太差，不由自主地拿出一把小刀，在书桌的右上角，刻下一个小小的字："早"。

忽然，外面有人把老师请了出去。一个同学马上拿出一些信纸，分给其他同学。

"樟寿，给你两张。"

"我不要，你自己留着用吧！"

"多好看的信纸呀，上面还印着浅色的花草呢！"

"他不要我要！"高大个伸手抢过信纸。

"谁还没有?"那个同学问,"都有了,行了……"

那个同学的话音还没落,寿先生已经瞪着眼睛气汹汹地走进来。他拿起戒尺,指着那个发信纸的同学:

"你过来!把手伸出来!"

"叭!"一声脆响,戒尺落在了他的手心上。

"知错了吗?"

"知错了,我不该偷拿人家的信纸。"

"把信纸交出来!"

"分给同学了。"

"什么?"寿先生更生气了,"所有拿了信纸的,站成一排,伸出右手。"

"啪、啪、啪、啪……"寿先生的戒尺逐个打去,一边打一边说:"叫你贪小便宜……"打完之后,看了看仍旧坐在那里的樟寿,问发信纸的同学:"该打的都打了吗?"

"都打了。只有樟寿不肯要。"

"都打完了吗?"寿先生逼视着那个发信纸的学生。学生自觉地伸出手,又挨了几下。

放学了,那学生噘着嘴,独自生闷气。樟寿和其他同学来安慰他:

"今天是寿先生第一次打人,谁让你偷东西呢!"

"我们都挨了打,不独你一个,生什么气啊!"

"寿先生打手心不很痛的,听说有的私塾先生打手心,要把手背顶着桌角,好似捕快拷打小偷的样子。"

"伯文老师在乡下教书,用竹枝抽打学生的脊背,然后撒上擦牙齿的盐。"

"子京老师,把学生的耳朵放在门缝里夹,就像咱们轧核桃。"

"咱们隔壁私塾的老师'矮癞胡',就是刚才你说的那样打手心的。"

"他还有个撒尿签,上厕所只能一个一个轮着去,哪像咱们这么随便。"

"你们别说了,我是气我自己,干吗那么不开眼,要拿那些信纸。"

"你的事先放后,"樟寿插进来说,"我们是不是应该替那些同学整整'矮癞胡'。"

"好啊!怎么整?"

"这事要突然,要保密,今天中午就去。我们就像打狗一样来个突然袭击……"

樟寿派了两个人在外望风,带了其余人狂冲进去,发现矮癞胡早已放学,书房里空无一人。

"那也不能放过他!动手!"樟寿说着从笔筒里拔出撒尿签,一折两半,扔在地下。

其他同学也纷纷动手,将砚台、笔、墨乱撒一地。

"行了!撒!"同学们随着樟寿迅速地离开了'矮癞胡'的书房。

"真过瘾!"一个同学兴奋地用拳头击打着手掌。

"我们再治治'武秀才'怎么样?"

"对!对!不揍他一顿,他老要欺负人。我们现在人多势众,一定打得过他!"

"今天不行了,同学们,我们先回家,明天商量好,找个日子再收拾他。"樟寿指了指天上的太阳。

下午刚上学,就有小同学来说,"武秀才"又打人骂人了。这消息就像火上浇油一样,同学们摩拳擦掌,很快就定好了计划。

这天中午,同学们回家吃完饭便三三两两、分四批集合在"武秀才"家周围。樟寿还特地到楼上的库房,取出一把爷爷从江西带回来的腰刀,藏在大褂底下。这把刀虽然没开刃,日久天长实际上等于一块废铁,但要是打在头上,也能凿开一个窟窿。这几批人像水浒好汉似的,分散守候在"武秀才"门前,让小学生仍旧从门前过,可是"武秀才"家的门却始终紧紧地关闭着。

"他可能事先得了消息,不敢出来了。"

"他不敢出来,就是说他害怕了,屈服了。"

"我们不能再等了,再等上学就要迟到了。"

"好吧,咱们撤,不过要撤得威风凛凛,让他看见,想起来都怕!"

"对!"

于是同学们纷纷亮出"兵器",排着队在"武秀才"

门前绕了三圈,回去上课了。

下午放了学,樟寿继续去找三年的陈仓米。一路上编了一个戏,名字叫《打败贺家武秀才》。陈仓米,最终也没找到,进了家门很沮丧。

"樟官,你要的陈仓米,我寻来哉!"

樟寿回头看去,只见寿先生背着个钱袋,像孩子似的高兴。他赶忙上前接过钱袋,打开一看,是几升大米,显得很陈旧。樟寿感激地看着先生,忙请先生进屋。父亲闻声也赶忙出来,把寿先生让进大厅,沏茶聊天。

樟寿把米送到厨房里,交代清楚后,便来到后院,找到弟弟,一起排演他的第一个作品。

第十六章
寻求别样的人们

名医姚芝仙给周伯宜看了两年的病,终于有一天说:"我所有的学问都用尽了,这里还有一位医生,医术比我高,名叫何廉巨,我推荐他来看一看,我可以写一封信。病是不要紧的,不过经他的手,可以格外好得快……"

这时正是夏天,何廉巨的第一个药引竟又是"一对蟋蟀,要原配的"。

看来长胖脸的名医确实比圆胖脸的名医高明,他要蟋蟀是在夏天,可以找得到。——樟寿心里下了判断,便充满信心地去找,竟真的找到足足十对。

接着又出现了什么"平地木""败鼓皮丸",逼得樟寿非要请教兰爷爷才行。

气候一天比一天冷了,父亲的病也一天比一天重了。经名医诊治,腿上的肿不但没有消失,反而一点一点向上升,从脚背、小腿,一直到了腿肚。

父亲的脾气也变得暴躁起来,他经常独自生闷气、摔碗。有时出去走走,回来后心情会很好,召集孩子,给他们讲故事听,搞得樟寿时而高兴,时而害怕,时而紧张,时而兴奋,而母亲总是加倍关心体贴着她的丈夫。

为了祖父的官司和父亲的病,稻田被卖得只剩下二十亩了。全家人要靠它吃饭,不能再卖了,只好当东西。

"少爷,您又来啦?今天当什么呀?"当铺伙计拉长了声音。

樟寿默默地把母亲给他的一个布包递上去。他踮起脚,刚好够着几乎比他高一倍的当铺柜台。

"哎呀!这都是什么呀?不值钱呀,算你三块吧!"

"五块!"

"什么东西呀,就五块?我再看看。唔,给你加五毛吧,三块五。"

"五块!"

"少爷,您看看这是什么东西呀?要不然,再给你加五毛,四块吧!"

"五块!"

"少爷!好了,我再看看,哎哟,这个我怎么没看见呀!行了,给你五块,这是当票!拿好啊,我们恒济当老幼无欺,下回有什么好东西尽管来当。"见樟寿走出了门,伙计嘲讽地笑了笑,"不识货,起码值十几块钱。"

樟寿拿着钱去十里路外的天保堂药店买了药,然后回家,把剩下的钱和当票、药包交给母亲。

"我去找药引。"说完樟寿走了出去。

"都成大人了!"母亲心酸地望着樟寿的背影。

"不好了,救命哪!"院里传来子传奶奶的尖叫声。

"不好了,凤岐自杀了!"一片乱糟糟的声音。

樟寿无心听这些事,近来烦心的事太多。四七伯伯抽大烟抽死了,死时像架骷髅;邻居家像西施一样美丽的宝姑娘,反抗抢婚成功了,但前不久忽然也被一口薄皮棺材抬了出来;子京公公抽风扇自己的耳光,财迷心窍也死了;子传奶奶和五十伯伯隔着辈分也结合了,虽然都是四十多岁,年龄相当,可这仍是乱伦,但族长熊三公公都不管。连十二曾祖母的烧饭妈妈的男人,也敢来周家打得老婆大哭大喊,那天就闹得更过分了,幸亏庆叔神勇。樟寿的眼前,又出现了庆叔的英雄形象。

晚饭刚刚吃完,他忽然听见子京公公的母亲十二曾祖母大喊:"床要塌了,床要塌了!"

樟寿飞奔过去,只见烧饭妈妈钻进十二曾祖母的床底,双手抱住床脚,而她的丈夫拉住她的脚,想把她从床底下拖出来。一个死命抱住床的脚,一个拼命拉人的脚,于是大床剧烈地晃动起来。十二曾祖母坐在床上束手无策,只好高声叫喊。

"什么事?什么事?"正在这时,庆叔也赶来了。

"她逃进床底下去了,我要拉她出来!"那男人放开他老婆的脚。

"你拉她出来做什么?"庆叔问。

"这不用你管!"那男人气势汹汹地站直了身躯,看上去比庆叔高大魁梧多了。

"你又是讨钱喝酒,不给就打老婆?"

"打老婆又怎么样?天下通行!"

"她赚几个辛苦钱,你来逼迫她,说你又不听,你是个人吗?"

"我不是人?"那男人仗着自己身强力壮,说着一拳头就打了过来。

庆叔一下让开,继续说:

"我是好心相劝,你还是把酒戒了吧!"

"谁要你多管闲事!"那男人仗着自己蒋门神一样的身材,又是一拳打来。

这回庆叔可不客气了,他一闪开,还了一拳。这一拳竟然如此有力,把那男人打得弹出房门,摔到院子里去了。

庆叔跨出房门,走到院子里,把那男人的前胸衣领一把抓住,"啪啪"两个大嘴巴,那男人又踉跄几步,站不稳了。

庆叔把他衣领牢牢抓住,像老鹰捉小鸡一样,拎出桂花明堂,又是两巴掌一拳头,再拎出黄门、白板门、大堂前、大厅、仪门,每拎出一个院子,都给他两巴掌一拳头,一直打到大门外,把那个男人扔在街心,庆叔这才转身进来。

樟寿一路跟着庆叔出去,又跟着他回来,只见他脸不红,气不喘,好像没花什么力气似的。看着看着,樟寿不禁大大佩服起来,心想,恐怕上来十个、八个人,也不在他的话下,真看不出庆叔还有这般好武艺。

"哥儿,打人不是好办法,不过今天也是没办法,逼得这样了。不过,以后这男人再也不敢上门来了,烧饭妈妈不用再担惊受怕了,院子里也能清静一点儿。"庆叔说着,不好意思地笑了笑,大步向后院的百草园走去。

新的药引不断找回来,家里值钱的东西不断地被当出去,药接二连三地买,水肿还是一天一天地往上长,眼看着长到了胸口。

"已经吃了一百多天'败鼓皮丸'了,怎么水肿还是打不破?不但打不破,反而更加重了。医生,您看,他现在只能躺在床上喘气了,不能下地走动了。"母亲难过地说着。

"我有一种丹,"何廉巨干笑了一下说道,"点在舌上,我想一定可以见效,因为舌乃心之灵苗……"

"这要多少钱呀?"父亲问。

"价钱也不贵,只要两块钱一盒……"

父亲沉思了一会儿,摇摇头。

"我这样用药还会不大见效,我想可以请人看一看,可有什么冤魂野鬼在暗中纠缠捣乱。"何廉巨为父亲掖了掖被角,"医能医病,不能医命,对不对?自然,这也许是前世的事……"

父亲沉思了一会儿,又摇了摇头。

"药熬好了。"长妈进来说道。

"您慢慢吃药,我告辞了。"何廉臣站起身,看着周伯宜点了点头,急忙转身出去。

母亲接过药碗,慢慢地给父亲灌下去,可是药汤却从嘴角边又流了出来。

"吃药啊。"母亲轻轻地说。

父亲艰难地摇了摇头,然后是长长地喘气。喘完之后,艰难地说道:"叫孩子们来!"

等樟寿赶到父亲的房间,看见衍太太正在烧一个纸锭和一卷写着《高王经》的纸。烧完后,她将灰用纸包好,塞在父亲的手心里,父亲于是攥起了拳头。

父亲吃力地长喘着,樟寿感到用不上力气帮助的痛苦。

"我们不应该空等着,快给换衣服。"

"医生呢?"樟寿问。

"刚刚走!"

"为什么这时候却要走?我去叫他回来!"

母亲按住樟寿的肩头,默默地摇摇头。

"这些医生有什么用!我见过的。别耽误自己了,快帮把手,扶起你爹上身……提起两只脚,轻点,轻点……抬起腰……唔,好了!"衍太太指挥着,给父亲穿上了白布短衫和长裤。

父亲不住地急喘一阵,接着又是拉风箱似的长喘。樟寿看在眼里,不由得脑中电光一闪,想道:还是快一点儿喘完了吧!哎呀!不对,怎么能盼着父亲快点儿死呢?这真是大不孝,是犯罪。可是父亲太痛苦了,少一点儿痛苦有什么不对吗?……

"叫呀,你爹爹要断气了。快叫呀!"衍太太轻轻推了一下樟寿,打断了他的呆想。

"爹爹,爹爹!"樟寿趴到父亲床前,急急地叫起来。

"大声!他听不见,还不快叫?!"又是衍太太在催促。

"爹爹!爹爹!!"

父亲已经平静下去的脸,忽然紧张了。他眼睛微微一睁,现出一些痛苦。

"叫呀!快叫呀!"还是衍太太在催促。

"爹爹!!"

"什么呢?……不要嚷……我吃力……不……"父亲低低地说,又急急地喘着气,好一会儿,才恢复了原状,平静下来,按在自己身上的手,轻轻地抬起来,又轻轻地落下去,重复了几次,嘴里喃喃地说,"呆子孙,呆子孙!……"声音渐渐微弱下去,平静下去。

"爹爹!!爹爹!!!……"樟寿又叫喊起来,一直叫到父亲咽气。

长妈点起一对白蜡烛,又点起了一把线香,每人三支分给樟寿兄弟。樟寿昏昏沉沉地跪在地上哭送着父亲,也不知道哭了多久。族里的人都来了,都在劝慰着痛不欲生的母亲。

"我对不起爹爹呀!爹爹这么说,我不应该再叫了!……"樟寿哭诉着,和母亲的哭声合在了一起。

"家有长男",樟寿成了孝子,繁重的殡丧仪式落在了他的头上。

他要身穿孝衣,拿着银锭,到土谷祠行礼烧锭,并背靠庙里的廊柱,双手向后倒抱三次。

他要把酒饭、银锭、香烛放在大门外的地上,然后带着三个弟弟跪在门槛前的草垫子上,直到银锭烧完,才能站起来哭着进去。

他要在给父亲移动身体时,捧着父亲的头。

他要把两手交叉着放在胸前,走到河边扔下去三五文钱,打半桶水回来,给父亲擦抹三遍身体。

他要在给父亲穿衣服时捧着父亲的头。

他要在父亲死后的第七天,主持拜祭的道场。

他要在父亲死后第三十五天,道士做法事的时候,背诵着祭文,俯伏在坛下一个钟头,为父亲赎罪。

他要在父亲死后第四十九天出殡的时候,身穿白衣,头顶麻布,腰系麻绳,手持一根哭丧棒,在队前跪着;要把棺材头上放的一个粗碗,猛力投向棺材头,击成粉碎;要在棺材后方写一个篆文"寿"字做记号……

丧事烦琐复杂,本家都来帮忙。一日三餐和穿素戴孝,都由丧家供给。全家忙得七荤八素,母亲和樟寿几乎天天不吃不睡。

这一年,樟寿正好十六岁。"家中无父亲,长男顶全家。"按照传统习俗,樟寿从此挑起家庭的重担。

除了给父亲办丧事,樟寿从来没有停止过描画和抄书,并且开始写日记。

不管家族里发生什么事,半年多的时间樟寿天天去三味书屋,课余时间抄写了兰爷爷的《鉴湖竹枝词》一百首,抄写了祖父的《桐华阁诗钞》,装订成书;他还买了《芥子园》等很多画谱,甚至连《野菜谱》也又画又抄地复制了一本;他读了能找到的一切杂书,小说、笔记、诗歌和经史书籍,不下数十种,其中还包括《四库全书总目提要》。

"樟寿,你从今天起跟小寿先生学八股文,以后不必天天来上学,到时候把做好的诗文送来批一下就行了。我不喜欢八股文,以后就不再教你了。"寿先生慨然长叹一声,背着手走出书房,小寿先生上前开始给樟寿上课。

学来学去,樟寿也觉得八股文实在没什么意思。在家里更多的时间他还是看杂书、抄书和描画,有时候还给弟弟讲解一番,帮着他们也描上一笔。

"大哥，你画得真好！"松寿说着摇起新得到的一把黑骨白纸折扇。

"天还不太热，为什么就摇扇子？"樟寿停下笔。

"我想给你看看我这把扇子，怎么样？是檀木的。"

"扇面是空的，我给你画上吧！"

"真的？那太好了。"松寿说着伸过扇子。

"把扇子给我，你拿着我没办法画。"

樟寿把扇子平放在书桌上，拿一支干净的笔，蘸满了水甩一甩，在笔尖轻轻点一点儿墨汁，再蘸点儿水到砚台边抹几下，嘴里一边说着，一边画下去。

"画画的墨不能太重太浓，太黑了就死了。墨的黑色，也有浓、淡、干、湿好多种变化，墨分五彩，现在你还不懂，以后就明白了。"

一会儿，扇面上出现了一块大石头，旁边生出几株虎耳草，又生出一些杂草，一会儿，又有一只蜗牛爬到了石头上……

"樟寿，兰爷爷叫你去一趟。"一个干巴巴的声音打断了兄弟二人的画兴。

樟寿见是一个陌生的人，心想大概是新请的短工吧。也没多想，就跟着他往后走去。

进了兰爷爷的书房，樟寿自然地又走到书柜前面。兰爷爷笑呵呵地说："我的书都让你看完了，所以也就不来了，是吧？小友都变成大友了。哈哈哈哈……"

"兰爷爷,您找我有什么事?"

"别性急,先坐下再说。"兰爷爷掏出一张纸铺在桌上,"这是我们这个大宅院的平面图,我和几个老叔公一起商量过了,重新调整一下住房,你爹原来的住房……"

樟寿顺着兰爷爷的指头看去,自家的好房子都被换成了差房子,心里非常生气,但面对和蔼的兰爷爷,又怎么说呢?

"兰爷爷,这么大的事,我这小辈可做不了主,我得请示爷爷!"

"用不着,你爷爷不在家,你是长男,一切由你做主就可以了!"兰爷爷说着拿出写好的文书,指着右下角的空白处,"在这里写上名字。"

"兰爷爷,这事必须得爷爷同意才行!"

"你爷爷现在大狱里,自身难保,他现在已经不是什么翰林了。你爹的秀才功名也早已被革去,你要知道!你用不着请示他们,你自己签了字、画了押就行了。"

"我不签!"樟寿一推文书,站起身告辞走了出去。

兰爷爷没想到樟寿这么有主意,气得在背后大喊大叫:"长大了,有主意了,还以为自家了不起。族里定了的事,你想反对,怕你还没有这个本领。早晚你得签!"

樟寿一路走一路想,兰爷爷怎么变成这样了,他好像很瞧不起我。看见前面是衍太太家,樟寿顺路走进去坐坐,聊两句散散心。

"哟，樟官来了，我们正聊天呢！"衍太太热情地一指椅子，"坐吧！"

"看气色樟官不太高兴啊?!"她男人挪了一下屁股，放了一个响屁。

"现世鬼，也不怕人笑话！"衍太太一捂鼻子。

"自家人，怕啥？"她男人又放了一个余屁。

樟寿笑起来："你们真是开心！"

"活着就得乐，想吃吃，想喝喝，想玩玩……"衍太太又笑起来。

"我对这些倒也不太在意，只是现在市上卖的好东西真多。"

"你母亲的钱，你拿来用就是了，还不就是你的吗？"

"母亲没有钱了，为父亲和祖父，都花光了。"

"可以拿首饰去变卖。"

"已经卖光了。"樟寿不由得目光黯淡下去，他为母亲难过。

"咳！也许你没留心，到大橱柜的抽屉里、角角落落去找，总可以找到珠子这类的东西。"

樟寿见衍太太越说越不像话，心想你们也拿我寻开心，便闷闷不乐地站起来，说："你们接着聊吧！我先回去了。"

"好走啊，樟官！明年考个秀才，再中个举人，拿个状元，给他们看看！"衍太太鼓励的声音在后面传来。

天气渐渐热起来,眼看着春天就要过去了。

"爷爷来信了!"弟弟松寿高兴地跑来告诉大哥,"在娘屋里,叫你快去读。"

樟寿跑进娘的屋,看见娘正在缝衣服,桌上放着信。

念完信,全家人都舒了一口气。

"爷爷没什么大事了,过几年可能就能回家了。太好了!"母亲激动得流下了眼泪。

"升叔去了江南水师学堂,他们都说他把灵魂卖给了洋鬼子,是为了混碗饭吃,没办法!"松寿清脆地说着。

"不许瞎说!"母亲喝住松寿。

"娘,听说城里的中西学堂教授汉文、算学、英文和法文,很别致的。"

"都快让全城人笑死了,快别提了!"

"爷爷信里说,杭州的求是书院很好的。"

"学费太贵了!"母亲叹了一口气,"我知道你不喜欢科举,可是做师爷或是做商人你也不喜欢,怎么办呢?哪儿有不要学费的好学校就好了!"

"听庆爷爷说,南京的江南水师学堂就是这样一个学校。他在那里当教官呢!"

"南京太远,"母亲转换了一个话题,"阿张,外面传说你偷了家里的东西去变卖了。"

"什么?"樟寿不敢相信自己听到了什么。他觉得好像掉进了冷水里,他怎么也不能相信,衍太太怎么会是这样的人呢?

"娘知道你是被冤枉了。"母亲抚摸着樟寿的手,"你的手都凉了。"

"娘,我觉得族里的人好像和过去不一样了,我不能再在家里吃闲饭了,我要出去读书。爹爹临死前,说他自己是呆子孙,我有点儿明白了,我不能再做呆子孙。我要出去,我要走异路,逃异地,去寻求别样的人们!"

"阿张啊!你长大了。你现在是长男,你要是一走,这个家怎么办呀?"

"祖母还在,长妈她也能帮您,后院还有庆叔,没事的。松寿也大点儿了,不那么淘气了。"

"容我再想想。"母亲挥了挥手。

樟寿回到屋里一夜睡不着,一想起南京的江南水师学堂,就兴奋起来。后来听说母亲也是一夜没睡,不知在屋里收拾什么东西。总之过了三天,母亲难过地给了他八块钱。

"这是路费,只有这么多了!"说完,母亲哭了起来。

"娘!"樟寿接过钱,看见母亲手边还有一个包袱,也激动得哭了起来。

1898年5月1日,周樟寿毅然告别生活了近十七年的故乡绍兴,踏上了外出求学的艰难路程,"去寻求别样的人们"。